좋은 부모의 조건

좋은 부모의 조건

송 현

인간과문학사

| 프롤로그 |

부모들의 책임 막중합니다

우리 한국인들 참으로 대단합니다. 우리는 불과 수십 년 만에 가난뱅이 나라를 경제대국으로 만들었습니다. 서양인들이 깔보고 조롱하던 민주 역량을 키워 마침내 성숙한 민주주의를 정착시켰습니다. 지난해 말 대통령이 어처구니 없는 대형 사고를 쳐 국민이 상심하고 국격(國格)을 실추시켰습니다만, 이마저 잘 수습해내고 있습니다. 그는 민주적 절차에 따라 파면되었고, 새 대통령을 뽑았고, 실추된 국격은 빠른 속도로 회복되어가고 있으니 말입니다. 게다가 우리는 우물 안 개구리 식으로 우리만 알고 즐기던 문화에 동서양의 다양한 문화를 접목시켜 세계가 알아주는 문화 강국을 만들어냈습니다. 우리가 이룬 이 업적들은 세계 역사상 전무후무할 일입니다. 이에 대해 우리는 자부심을 가져도 좋을 것입니다.

그러나 우리나라는 문제가 많고, 살기에 피곤합니다. 겉은 화려하지만, 속은 중병을 앓고 있습니다. 물신주의가 팽배해 너나없이 돈벌이에 매몰되어 있습니다. 정치는 후진적입니다. 경제적 양극화와 사회적 분열이 심각합니다. 지역적·이념적 갈등이 첨예합니다. 양성평등은 말뿐이어서 여성의 가사독박, 육아독박은 여전합니다. 최근에는 세대 간의 갈등까지 불거지고 있습니다. 부모들은 자식들을 공부하라고 쥐잡듯이 다뤄 극한 경쟁으로 몰아넣습니다. 경쟁에 내몰린 아이들은 생기를 잃고 시들어가고 있습니다. 그러니 우리의 삶이 팍팍하고 누추합니다. 세계 최고의 자살률, 세계 최저의 출산율, 세계 최고의 노인 빈곤율, 세계 최저의 어린이들의 삶의 만족도 등 각종 악성 지표들이 이를 입증합니다. 외국인들은 우리의 겉모습에 현혹되어 한국을 동경합니다. 그러나 정작 우리는 이 땅을 떠나고 싶어 합니다.

우리가 왜 이 지경이 되었을까요? 머리가 나빠서일까요? 아닙니다. 그간 몇몇 국제적 연구기관들이 세계 각국 국민의 평균 지능지수(IQ)를 측정해 나라별 순위를 매긴 바 있습니다. 한국은 대략 106 정도로 싱가포르, 홍콩, 일본 등과 더불어 최상위에 속하는 것으로 나타났습니다. 미국은 98 정도로 28위, 유대인(이스라엘)은 95 정도로 45위였습니다. 이를 통해서 알 수 있듯이 우리 한국인의 머리는 아주 우수합니다.

혹시 우리가 머리 좋은 것 믿고 공부를 게을리해서, 즉 교육열이 낮아서 삶의 질이 낮을까요? 역시 아닙니다. 한국의 교육열은 타의 추종을 불허합니다. 공교육 시스템이 제대로 작동하고 있지만, 그것으로는 성이 차지 않아 사교육에 올인하다시피 합니다. 세계에서 자녀 교육에 가장 많은 돈을 쓰고, 학생들의 학습 시간이 가장 많고, 대학 진학률이 가장 높은 곳은 단연 한국입니다. 한국의 부모들은 자녀 교육을 위해서라면 목숨이라도 걸 태세입니다. 세계인이 신기하다는 듯이 바라볼 정도로 우리의 교육열은 뜨겁습니다.

머리가 우수하고, 교육열이 높은데도 우리의 삶의 질은 도대체 왜 이 모양일까요? 여러 요인들이 있겠지만, 가장 결정적인 것은 지난 수십 년 간 우리 교육의 목표와 방법이 잘못

되어 있었기 때문입니다. 그간 우리 부모들의 지상 목표는 자녀들이 사회적·세속적으로 성공하는 것이었습니다. 좋은 대학 나와, 좋은 직장에 들어가, 돈 많이 벌어, 좋은 조건의 짝을 만나 남들이 질시할 정도로 폼나게 사는 것 말입니다. 그러기 위해서는 자녀들이 가공된 지식을 누가 많이 암기하는가를 겨루는 치열한 경쟁에서 이겨야만 했습니다. 공중질서네, 윤리 도덕이네, 친구네, 우정이네, 이웃 사랑이네, 올바르고 의미 있는 삶이네 하는 것들은 한가한 잔소리에 불과했습니다. 우리 부모들에게 자녀들 또래의 아이들은 오직 자녀들의 경쟁자들일 뿐이었습니다. 이로 인해 자녀들을 책임과 의무를 다하는 민주시민, 원만한 인격을 갖춘 사회인, 삶을 향유할 줄 아는 인격체로 기르는 데 실패했습니다. 그리하여 우리가 지금 누추한 삶을 살고 있는 것입니다.

문제는 아직도, 더하면 더했지, 그 흐름에서 벗어나지 못하고 있는 현실입니다. 지금 우리의 젊은 부모들도, 그들의 부모들이 그랬던 것처럼, 눈에 불을 켜고 자녀들을 단편적인 지식을 많이 암기하고, 고도의 문제 풀이 기술을 습득해야만 이길 수 있는 경쟁에 몰아넣고 있습니다. 물론 이 경쟁에서 이기는 자들은 소수에 불과합니다. 그러니 부모들이건 자녀들이건 대다수는 패배자가 되어 불행의 늪에서 허우적거릴 수밖에 없습니다. 경쟁에서 이긴 자들이라고 행복할까요? 아닙니다. 경쟁 과정에서 정작 중요한 것들을 놓치기 때문입니다. 정서를 함양하지 못하고, 사회성을 기르지 못하고, 정신을 풍요롭게 하지 못하기 때문입니다.

부모들이 돈 빼면 시체뿐인 자기들의 가치관을 자녀들에게 강요하며, 최선의 돈벌이 방법을 갖추게 하는 것이 지금 우리 교육의 대강입니다. 부모들은 그것이 당연한 의무인 양 교육이라는 이름으로, 사랑이라는 명분으로 자녀들을 옥죄고 있습니다. 자녀들을 자신들의 욕망을 충족시켜줘야 할 도구로 전락시킨 것입니다. 그러니 자녀들이 죽을 맛입니다. 부모들도 역시 자녀들과 함께 하루하루 피폐한 삶을 살아가고 있을 뿐입니다.

앞에서 말했듯이 유대인들의 지능지수는 우리에 비해 상당히 낮습니다. 그럼에도 그들의 과학적·문화적·정신적 성취는 눈부실 정도이고, 각종 분야에서 세계적 영향력은 타의 추종을 불허하며, 행복도는 꾸준히 세계 5위 정도로 높습니다. 삶의 질이 매우 높은 것입니다. 이의 비결은 어디에 있을까요? 한마디로 그들 고유의 역사와 전통을 잘 계승·발전시키고, 새로운 것들을 과감히 접목시키는 그들만의 독특한 교육에 있습니다. 그들은 균형 잡힌 전인교육을 중시합니다. 그들은 좋은 습관, 좋은 품성, 좋은 인격은 삶의 중요한 요소임을 알기에 인성교육을 중시합니다. 그들은 인간은 서로 존중하며 협력해야 질서와 평화를 유지할 수 있음을 알기에 사회성을 기르는 사회화 교육을 중시합니다. 그들은 이성적 지식에 기반해 문명을 발전시켜야 편리한 삶을 살 수 있다고 믿기에 격물치지(格物致知) 식의 지식 교육을 중시합니다. 그들은 이 세 가지를 똑같이 중시합니다. 그들의 주요 교재는 조상들의 5천 년 지혜가 집적된 『탈무드』입니다. 그들은 가정에서

나 사회에서나 이 책을 중심으로 끊임없이 묻고 대답하고 논하는 식의 교육을 진행합니다. 거기에 새로운 지식과 창의적인 생각과 상상력을 덧붙입니다. 그 결과로 그들은 원만한 인격체가 되어 양질의 삶을 누리며, 다방면에 걸쳐 위대한 업적들을 성취해내고 있는 것입니다.

애석하게도 우리에게는 무작정 외워서 문제를 푸는 식의 얄팍한 지식 교육이 거의 전부입니다. 이런 상태가 지속된다면 우리가 돈을 아무리 많이 벌어도 우리의 삶의 질은 영영 나아지지 않습니다. 부모들은 지금부터라도 자녀 교육의 목표를 자신의 책임과 의무를 다할 줄 아는 민주시민, 원만한 인격체로서 삶을 향유할 줄 아는 인간다운 인간으로 양성하는 데 두어야 합니다.

이런 목표를 달성하려면 어떻게 해야 할까요? 기존의 방식으로는 안 됩니다. 지금까지 우리 부모들은 자녀들에게 정작 해야 할 것들은 하지 않고, 해서는 안 될 것들을 고집스럽게 강요해왔습니다. 자신들의 결핍과 욕망을 채우거나, 위신을 드러내거나, 혹은 무지나 결점을 감추는 수단으로 자녀 교육을 이용하다 보니 교육방법이 왜곡된 것입니다. 이제부터는 오직 자녀의 발전과 행복을 위한 수단과 방법을 찾아 교육해야만 합니다. 그 외의 것들, 즉 부모 자신의 욕망이 개재된 것들은 싹 빼버려야 합니다. 그러다 보면 저절로 우리 모두를 위한 자녀 교육이 될 것입니다.

부모로서 자녀들을 위해 결코 해서는 안 될 것들과 반드시 해야만 할 것들 30여 가지를 찾아 여러분에게 고합니다. 물론 익숙해진 언어습관이나 행동양식, 정형화된 사고방식을 버리고 새로운 것들로 대체한다는 것은 지난합니다. '세태를 거스르면 내 아이만 낙오된다'는 생각으로 무장한 여러분이 세태를 외면하는 것 또한 결코 쉽지 않습니다. 그러나 그러지 않으면 자녀들은 물론 우리 모두가 누추한 삶에서 벗어날 수 없음을 잊지 말기 바랍니다.

2025년 여름
송현

| 목차 |

프롤로그 : 부모들의 책임 막중합니다 - 4

1부 이러시면 자녀들의 삶이 피폐해집니다

   1. 소유물로 간주 - 17

   2. 잦은 화냄 - 24

   3. 학대 - 31

   4. 과잉보호 - 38

   5. 조기·선행학습에 올인 - 44

   6. 다른 아이들과의 지나친 비교 - 50

   7. 특정 이념이나 종교 주입 - 56

   8. "내 새끼 지상주의"에 몰입 - 64

   9. 과도한 SNS 사용 방치 - 69

2부 사람다운 사람이 되게 하세요

1. 안정애착을 형성시킨다 - 81

2. 의사결정에 참여시킨다 - 86

3. 정직하도록 한다 - 89

4. 겸손하도록 한다 - 93

5. 염치를 알게 한다 - 97

6. 친절하도록 한다 - 103

7. 남에게 피해를 끼치지 않게 한다 - 108

8. 합리성을 최선의 판단 기준으로 삼게 한다 - 113

9. 언행일치(지행합일)하게 한다 - 119

3부 행복한 삶을 살도록 하세요

1. 행복을 삶의 최고의 가치로 삼게 한다 - 125
2. 자연친화적이게 한다 - 129
3. 자신과 세상을 긍정적으로 보게 한다 - 135
4. 좋아하는 일을 하게 한다 - 140
5. 인내력과 회복력을 갖게 한다 - 145
6. 매사에 감사하도록 한다 - 150
7. 삶의 부침(浮沈)에 일희일비하지 않게 한다 - 157
8. 단순한 삶이 좋은 삶임을 알게 한다 - 163
9. 인간은 필멸의 존재임을 알게 한다 - 170
10. 가능한 한 빨리 독립시킨다 - 176

에필로그 : 부모들이 먼저 배우고 실천해야 합니다 - 180

1부

이러시면 자녀들의 삶이 피폐해집니다

부모 자신의 결핍과 욕망을 채우거나, 위신을 드러내거나, 혹은 무지나 결점을 감추는 수단으로 자녀를 이용하지 마세요. 그러지 않으면 당신이 목숨을 걸다시피 한 당신의 자녀 교육은 실패하고 말 것이며, 그리하여 먼저 자녀의 삶이 피폐해지고 이어 당신이 추락하게 됩니다.

1. 소유물로 간주

 소유주는 소유물에 대한 처분권을 갖습니다. 남에게 선물로 주거나, 궁핍하면 팔아서 돈으로 쓸 수 있습니다. 애지중지하다가도 싫어지거나 제 기능을 상실하면 매정하게 부숴 버리거나 내다 버릴 수도 있습니다. 닭이나 오리, 돼지나 소 등에 대해서도 그렇게 할 수 있습니다. 팔아 버릴 수도 있고, 때에 따라서는 잡아먹을 수도 있습니다.

 예전에는 지역에 따라 사람도 소유물로 간주되어 주인이 처분권을 가진 적이 있었습니다. 노예가 그 대표적인 예입니다. 오래전으로 갈 것도 없이 불과 2백여 년 전의 미국을 생각해 보면 됩니다. 노예제라는 것이 있었습니다. 백인 한 명이 흑인 수십 명을 노예로 가진 경우는 흔했고, 심지어는 수백 명을 갖기도 했습니다. 우리가 잘 아는 조지 워싱턴이나 토머스 제퍼슨도 노예 수백 명씩을 소유했었습니다. 주인은 노예를 죽게 부려 먹던지, 선물로 주든지, 팔든지, 채찍질하든지, 버리든지, 여자 노예를 성적 대상으로 삼든지 마음대로 할 수 있었습니다.

 노예제 외에도 사람이 사람을 소유물 취급하던 예들이 많습니다. 어떤 곳에서는 부모가 자식을 팔아먹는 것이 가능했습니다. 남편이 부인을 저당잡히고 돈을 빌리든지, 노름빚을 갚는 데 써도 무방했습니다. 무지막지하게도 여러 문화권에서 그런 일들이 드물지 않았습니다.

동서양을 막론하고 전통사회에서 가족은 대체로 가부장제라는 형태로 유지되었습니다. 가장은 통상 아버지였는데, 그가 가족에 대한 소유권을 가진 것은 아니었습니다. 그러나 관습적으로 인신 구속권을 갖기 때문에 가족은 가장의 통제에 따라야 하는 수동적인 존재였습니다. 자녀는 가장이 원하는 직업을 가져야 했고, 가장이 골라주는 짝과 결혼해야 했습니다. 가장의 뜻과 상충하는 본인의 의사는 무시되었습니다. 그것을 관철하려면 가족으로부터 배척당하는 고통을 감수해야만 했습니다.

우리의 전통사회도 예외가 아니었습니다. 예외이기는커녕 오히려 비교적 최근에 이르기까지 다른 어느 곳보다도 가부장제가 잘 작동되었습니다. 지금 60대 이상이라면 거의 예외 없이 그런 사회적 환경에서 태어나 성장했습니다.

그러나 현재적 시점에서, 적어도 자유민주주의 세계에서 그런 환경은 터무니없습니다. 시대착오적입니다. 인지가 발달하고 역사가 진전하면서 인간은 누구나 평등하고, 자유로울 권리가 있다는 사상이 나왔습니다. 어린애나 어른이나, 여자나 남자나, 부모나 자녀나 똑같이 존귀한 인격체로서 자유권을 갖는다는 사상 말입니다. 그것은 17세기 말 유럽에서 출현해 크고 작은 소란과 거대한 혁명을 거치며 세계 도처로 퍼져 나갔습니다. 그 사상의 요체를 담은 정치체제가 바로 민주주의입니다.

해방 직후 우리 한국에 서양의 민주주의가 날것 그대로 이식되었습니다. 독재를 거쳐 민주화 과정이 진전되면서 그 사상은 우리가 매일 호흡하는 공기와 같은 존재가 되었습니다. 인간은 모두 존엄한 인격을 가진 평등한 존재로, 누구도 침해할 수 없는 자유권을 갖고 있음은 우리에게 명백한 진리입니다. 이는 너무나 자명하기에 입증할 필요조차도 없습니다.

그렇습니다. 부모건 자식이건 우리는 모두 동등한 인격체로 각기 자유권을 갖습니다. 자식은 부모와는 별개의 존재로 자신의 삶을 살아갈 권리를 갖습니다. 다만 성인이 될 때까지는 자생 능력이 없으므로 부모의 도움이 절대적으로 필요합니다. 부모는 자녀가 성인이 되어 최선의 삶을 살도록 양육, 훈육, 교육해야 합니다. 이는 부모의 중차대한 의무입니다.

이를 부모의 권리라고 착각해서는 안 됩니다. 부모가 자녀에 대해 행사하거나 요구할 권리는 아무것도 없습니다. 오직 자녀가 성인이 되기 이전에 져야 할 엄중한 책무만 있을 뿐입니다. 이미 100여 년 전에 칼릴 지브란은 『예언자』에서 이렇게 말했습니다.

> 여러분의 자녀는 여러분의 것이 아닙니다.
> 그들은 저 위대한 생명이 사랑하는 그의 아들딸입니다.
> 그들이 비록 여러분을 통해서 왔지만, 여러분으로부터 온 것은 아닙니다.
> 그들이 비록 여러분과 함께 있지만, 여러분의 소유물은 아닙니다.
>
> 여러분이 그들에게 사랑을 줄 수는 있지만, 생각을 강요할 수는 없습니다.
> 그들에게는 그들대로의 생각이 있기 때문입니다.
> 여러분은 그들의 육체를 위해 집을 줄 수는 있지만, 그들의 영혼을 위해 그렇게 할 수는 없습니다.
> 그들의 영혼은 여러분이 꿈길에서도 가볼 수 없는 내일의 집에 머무르기 때문입니다.
> 여러분이 그들처럼 되기 위해 노력할 수는 있지만, 그들이

여러분처럼 되게 하려고 애쓰지는 마십시오.

참 아름답고 지혜로운 말입니다. 우리가 지향해야 할 부모자식 관계를 이보다 더 극명하게 묘사할 수는 없을 것입니다.

그러나 우리의 현실은 이와는 너무 다릅니다. 겉으로는 민주적인 것 같지만 속을 들여다보면 가부장제의 흔적이 많습니다. 아직도 자녀를 소유물 정도로 여기는 부모들이 많습니다. 그들은 자녀의 일거수일투족에 간섭하며, 영향력을 행사합니다. 별 죄책감 없이 자녀를 다양한 방법으로 학대합니다. 자녀의 의사에 반하는 진로를 고집하고, 자녀가 원하지 않는 상대와 결혼하라고 강요하기까지 합니다. 자녀가 반발하면 실망하고, 더 나아가 미워합니다. 그러다 결국에는 부모자식 관계가 어그러지고 맙니다.

심지어는 자녀를 죽이기까지 하는 경우도 드물지 않습니다. 우리는 부모가 생활고를 못 이겨 어린 자녀와 동반자살했다는 끔찍한 뉴스를 자주 접합니다. 말이 동반자살이지 명백한 살인입니다. 아이를 먼저 죽이고, 부모가 자살하는 게 어찌 동반자살입니까. '죽고 싶지 않다'고, '살고 싶다'고 울부짖는 아이를 엄마가 강제로 끌어안고 고층 아파트에서 뛰어내려 죽는 게 어찌 동반자살입니까. 명백히 자녀를 고의로 죽이는 살인입니다. 이런 살인에 대해 동정적인 시선마저 적지 않습니다. '부모로서 어린 자녀를 험악한 세상에 남겨 놓고 가는 게 견딜 수 없어 모진 맘 먹고 데리고 갔을 것이니 이해된다'는 시선 말입니다. 이는 잘못된 시선입니다. 살인은 절대로 동정의 대상이 아닙니다.

구미 선진국이라고 가부장제적 요소가 다 없어진 것은 아닙니다. 그쪽 부모들도 자녀들의 의사에 반하는 영향력을 행사하는 경우들이 있습니다. 그러나 그 정도가 우리와는 판이합니다. 예를 들면 그들은 자녀가 누구를 배우자로 선택하든 거의 간섭하지 않습니다. 그들은 그런 문제를 두고 부모가 지나치게 간섭하는 한국 드라마 장면을 보면 경악합니다. 우리 사회에서 말하는 동반자살, 즉 살인도 그들에게서는 그 예를 찾아보기 어렵습니다. 오랜 세월에 걸쳐 발달한 그들의 민주주의적, 자유주의적, 개인주의적 사고가 가부장제적인 요소를 거의 희석시킨 결과입니다.

이에 반해 우리에게는 아직도 자녀를 소유물 정도로 여기는 사고방식이 많이 남아 있습니다. 이는 용납될 수 없는 시대착오적인 사고방식입니다. 올바른 자녀 교육은 부모가 자녀를 동등한 인격체로 인정하고 존중할 때 비로소 시작됩니다. 이것이 전제되지 않으면 자녀 교육은 처음부터 뒤틀리고 맙니다.

2. 잦은 화냄

 사실 나는 자녀들에게 화내지 말라고 말할 자격이 없는 사람입니다. 아들이 사춘기에 해당하는 중학교 시절 아들에게 버릇처럼 화를 냈기 때문입니다. 그것도 아주 악성이었습니다. 같은 유의 사건에 대해서도 어떤 때는 그냥 웃어넘기다가도 다른 어떤 때는 화를 버럭 냈습니다. 화낼 일이 전혀 아닌데도 내 감정을 못 이겨 화를 폭발시키기도 했습니다. 부끄럽고 통탄할 일이지만, 화를 못 이겨 아들을 심하게 두들긴 적도 여러 번 있었습니다. 이로 인해 아들이 상처받고 고통스러웠을 것을 생각하면 가슴이 찢어집니다. 그럼에도 불구하고 여러분에게 감히 화내지 말라고 고합니다. 그러지 않을 수 없습니다. 자녀에게 화를 내면 자녀의 가슴에 지울 수 없는 상처가 남는다는 점을 늦게나마 깨달았기 때문입니다. 수없이 참회해 왔지만, 참회는 많이 할수록 더 좋으니 다시 한 번 더 한다는 심정으로 이 글을 씁니다.

 왜 자녀에게 화를 낼까요. 사랑하기 때문에, 잘되라고 등 여러 이유가 있을 수 있습니다. 훈육하고 교육하는 과정에서 오버해 약간 화를 낼 수도 있습니다. 우리는 성인(聖人)이 아닙니다. 선의로 무엇인가를 하다 그 과정에서 화를 좀 내는 것까지 통제하기는 어렵습니다. 아이의 마음에 상처가 되지 않을 정도의 화를 내고, 이어 사랑으로 감싸준다면 괜찮을 수도 있을 것입니다. 훈육·교육의 효과가 더 있을지도 모르겠습니다.

문제는 자녀를 소유물로 여겨 '내 것이 내 맘대로 안 된다'는 기분으로 내는 화입니다. 부모들이 폭발시키는 화는 대부분 이 범주에 속합니다. '내 것이니 내 혀 위에서 살살 구르기'를 원하나 자꾸 미끄러져 입 밖으로 뛰쳐나가려 하니 화를 내는 것입니다. 공부 열심히 하라고 하는데 게임만 열심히 합니다. 좋은 친구만 사귀라 하는데 별스런 친구만 사귀는 것 같습니다. 나쁜 일 하지 말라는데 나쁜 일만 골라 하는 것 같습니다. 이에 '내 것이 내 말을 거역해'라는 심사로 화를 폭발시킵니다. 그러고는 사랑하기 때문에, 너 잘되라는 등의 말로 포장합니다. 자녀를, 자신을, 세상을 속이는 비열한 짓입니다. 나도 아들이 사춘기 때 그랬습니다.

솔직히 생각해 봅시다. 당신의 자녀가 당신이 하라는 대로 하면 좋겠습니까? '그렇다'라고 답한다면 당신은 다음 질문에도 답해야 합니다. 당신은 자녀에게 물려주고 싶은 가치관을 갖고 있으며, 자녀를 좋은 삶으로 인도할 지식과 혜안을 갖고 있습니까? 이 질문에 '그렇다'라고 답할 사람 거의 없을 것입니다. 그렇다면 당신이 자녀에게 닦달하는 것의 실체는 무엇이겠습니까? 당신이 닦달하는 대로 한다면 자녀는 어떤 삶을 살게 되겠습니까? 당신이 지금 살고 있는 누추한 삶 외에 아무것도 아니지 않겠습니까? 따라서 자녀가 당신의 말에 고분고분하지 않는다면, 그것은 자녀가 나름의 삶을 살겠다는 의지를 보여주는 긍정적인 신호로 보아야 할 것입니다. 화낼 일이 전혀 아닌 것입니다.

사춘기를 막 넘긴 아들이 고등학교 1학년이던 2006년 11월 나는 우연히 이민정의 『이 시대를 사는 따뜻한 부모들의 이야기 1』을 읽었습니다. 이 책을 통해 나는 내가 아들에게 엄청난 잘못을 저질렀음을 비로소 알게 되었습니다. 저자는 중학교 2학년 학생이 쓴 다음의 글을 소개합니다.

> 나는 어렸을 때 대단한 말썽꾸러기에다 개구쟁이였다. 언젠가 한 번은 이런 일이 있었다. 내가 자전거를 타고 노는데 동네 한 꼬마가 멋진 총을 갖고 왔다. 원래 잘 알던 아이라 총 좀 구경시켜 달라고 했더니 글쎄 나한테 반말을 막 하면서 안 된다는 것이었다. 그래도 나는 어린 마음에 한 번만 보겠다고 하면

서 계속 졸랐다. 하지만 그 꼬마는 계속 자기 총만 자랑하면서 반말로 욕까지 하고 덤비기 시작했다. 그래서 너무 화가 나서 그 아이를 밀고 도망갔다. 그런데 막 우는 소리가 들리고 ……다시 그 자리로 가 보았더니 그 아이가 넘어지면서 땅에 있던 돌부리에 부딪혀 얼굴에서 피가 흘렀다.

 이것이 화근이었다. 그 꼬마네 엄마가 우리 집으로 찾아오고 우리 엄마는 어찌할 줄 몰라 죄송하다며 연방 굽신거리고 ……. 나 때문에 남한테까지 그렇게 굽신거리는 엄마가 불쌍했다.

 아이들 사이에서 얼마든지 있을 수 있는 일, 그 일이 부모들에게까지 확대된 데 대한 아주 평범한 이야기입니다. 당신에게 묻겠습니다. 당신이 사고를 치고 온 아이의 부모라면 어찌했을 것 같습니까? 십중팔구는 그 자리에서 아이를 혼냈을 것입니다. 나 같으면 아마 한 대 쥐어박기까지 했을 것입니다. 한두 명 정도가 겨우 화를 참으며 상대방 아이의 엄마에게 사죄해 돌려보냈을 것입니다. 그러나 그 후에 아이를 호되게 꾸짖고 훈계했을 것입니다. 하기야 요즈음의 젊은 부모들은 그런 일로 자식을 기죽여서는 안 된다고 보는 성향이 강하니 그냥 넘겨 버리거나 역으로 상대에게 화를 냈을 수도 있겠군요. 아무튼 그 아이의 엄마는 어떻게 했을까요? 그 아이는 이어서 이렇게 썼습니다.

> 하지만 그날 밤 한 마디의 꾸중도 듣지 않았다. 꾸중은커녕 장난감까지 사주셨다. 그때 나는 어머니의 사랑을 느꼈다. 정말 어머니의 은혜는 하늘보다 높고 바다보다 깊음을 느끼며 울던 기억이 난다. 그것이 아마 일곱 살 때의 일일 것이다.

이민정은 중학교 2학년 학생의 이 글에 대해 이렇게 평했습니다.

> 그날 저녁 어머니가 아들에게 논리적으로 설득하거나 충고하고 훈계하며, 경고하고 비난하는 말을 썼더라면, 일곱 살 된 아들은 그날 밤을 어떻게 보냈을까. 어머니의 사랑이 하늘보다 높고 바다보다 깊다고 느끼며 울었을까.

내가 그 책을 읽은 2006년은 내 나이 오십이었습니다. 물론 나도 화를 잘 내서는 안 되고, 화를 내는 것은 어리석은 짓이고, 화를 내 봐야 그 대상뿐만 아니라 나 자신에게도 손해라는 점을 잘 알고 있었습니다. 로마 철학자 세네카나 오늘

날의 성자로 알려진 탁닛한 스님 등의 화에 관한 글들을 통해 화에 대한 지식을 넓혀가고 있었습니다. 그러나 지식만 늘어날 뿐 지혜를 얻지 못해 실제 생활상에서는 걸핏하면 화를 내곤 했던 것입니다. 그러던 차에 읽은 위의 글이 내게 한 가닥 빛으로 작용했습니다. 내가 얼마나 헛된 지식만을 추구해 왔으며, 어리석게 살아왔는지 깨닫는 기회가 되었습니다. 늦은 나이였지만, 참 다행으로 여겼습니다. 그 후로는 아들에게 화를 내지 않았습니다. 다른 사람에게도 화를 낸 경우가 거의 없습니다. 가끔 화가 올라오면 돌멩이를 걷어차거나 허공에 주먹을 날리는 식으로 화풀이를 합니다.

길거리나 마트, 도서관 등에서 젊은 부모가 어린 자녀와 동행하는 모습을 자주 봅니다. 대부분 도란도란하며 잘 동행합니다. 자녀가 뭘 사달라고 조르거나 부모의 뜻에 어긋나는 행동을 해 실랑이를 하는 경우도 가끔은 있습니다. 그런 경우 멈춰서 유심히 지켜봅니다. 대체로 아이를 잘 설득해 문제를 해결합니다. 그러나 다짜고짜 화를 내며 '떼 놓고 가버리겠다'거나 '집에 가서 밥을 안 주겠다'는 등의 말로 아이를 공포에 떨게 하는 경우도 있습니다. 한때 야만적이었던 나는 그런

야만적인 모습에 안타까움을 느낍니다.

  부모가 낸 화를 뒤집어쓰고 자란 아이는 남의 눈치를 자주 보고, 자신감이 결여되고, 자존감이 낮아집니다. 남들과 잘 어울리지 못하고, 매사에 주저주저하게 됩니다. 이런 아이가 잘 자라서 행복한 삶을 누리기는 쉽지 않습니다. 그러니 자녀에게 화내지 않기를 간절히 바랍니다. 자녀의 가슴에 박힌 부모가 낸 화의 흔적은 지워지지 않을 낙인입니다.

3. 학대

학대에는 크게 신체적 학대, 정서적 학대, 성적 학대가 있습니다. 체벌이나 얼차례 등 어떤 방식으로든 신체에 고통을 가하는 것은 신체적 학대입니다. 너 때문에 못 살겠다, 못난 것 같으니, 그렇게 해서 밥이나 벌어먹고 살겠니 등의 말을 하는 것은 마음에 상처를 주는 정서적 학대입니다. 말로 이루어지기 때문에 언어적 학대라고도 합니다. 자녀가 충격을 받을 정도로 심하게 부부싸움을 하거나, 자녀에게 걸려온 전화를 별 이유 없이 바꿔주지 않는 행위, 요즈음 사회적 문제로 떠오른 '부모 따돌림', 즉 한쪽 부모가 자녀의 심리를 조종해 다른 쪽 부모를 멀리하게 만드는 것도 정서적 학대입니다. 성적 쾌감을 얻기 위해 자녀를 성적으로 추행하는 것은 성적 수치심을 유발하는 성적 학대입니다. 아버지가 딸이 예쁘다며 억지로 뽀뽀를 해대거나, 엄마가 아들의 '고추'가 귀엽다며 만져대는 것은 성적 학대에 해당합니다. 이 세 가지 범주 외의 학대도 있습니다. 아이를 전혀 돌보지 않고 방치하거나, 버리는 유기 행위 같은 것들입니다.

가장 빈도수가 많고, 광범위하게 자행되는 것은 정서적 학대입니다. 많은 부모들이 일상적으로, 습관적으로, 부지불식간에 다양한 방법으로 자녀를 정서적으로 학대하고 있는 실정인 것입니다.

  자녀 학대의 원인은 다양합니다만, 그 저변에 깔린 핵심 요소는 두 가지입니다. 하나는 화의 작동 원리처럼 '자녀는 내 소유'라는 의식입니다. 이는 '내 것은 내 맘대로 해도 돼'라는 논리로 전환되어 학대를 정당화합니다. '내 것이니 내 가치관, 내 생각, 내 감정에 따라 죽이든 살리든 상관없다'는 황당한 논리 말입니다. 다른 한 가지는 '너를 위해서'라는 명분입니다. '나도 그러기 싫지만, 내버려두면 네가 잘못될 것 같아 너를 위해서 때로는 때리고 험한 말을 한다'는 식의 명분 말입니다.

  요즈음 부모들은 많은 경우 태어난 아이에 대해 자기 삶을 스스로 살아갈 축복받은 고귀한 생명체로 여기지 않습니다. 자신들이 아이의 장래에 대한 계획을 세우고, 그 계획에 따라 키워 목표로 하는 바의 존재로 만들어내야 할 하나의 프로젝트가 주어졌다고 생각하는 경향이 강합니다. 그 프로젝트를 제대로 완성하기 위해서라는 명분으로 자녀의 삶 굽이굽이에 끼어들고 간섭합니다. 말을 듣지 않는다고, 계획한 방향으로 가지 않으려 한다고, 진척이 느리다는 등의 이유로 시시때때로 때리고, 욕지기에 가까운 인격모독적인 말도 서슴지 않습니다.

그러나 자녀 학대로 얻을 것은 전무합니다. 비참한 결말이 있을 뿐입니다. 자녀의 자존감, 자율성, 독립심이 낮아집니다. 감정 조절에 문제가 생겨 분노 조절을 못하고, 폭력적으로 됩니다. 사회성이 낮아져 또래들과 잘 어울리지 못하고, 더 나아가 대인관계 자체를 기피합니다. 면역체계가 나빠지고, 심장질환 등의 질병에 걸릴 가능성이 높아집니다. 우울증에 걸리기 쉬우며, 자살 위험이 높아집니다. 이러니 학습 의욕인들 생기겠습니다. 성적이 점점 떨어지고, 학교를 기피하게 되고, 같은 처지의 또래와 어울리게 되고, 그리하여 불량청소년이 될 가능성이 높습니다. 그런 아이는 성인이 되어도 정상적인 삶을 살기 어렵습니다. 따라서 자녀 앞에서는 아주 작은 행동이라도, 말 한 마디라도 조심해야 합니다. 자녀를 위해서, 부모 자신을 위해서.

자녀 학대와 연관지어 생각해 보아야 할 것이 있습니다. 훈육과정에서 발생할 수 있는 꾸지람과 체벌입니다. 훈육의 사전적 정의는 "정신적 습관을 배양하기 위해 의지적 활동을 지도하는 것"입니다. 훈육은 부모의 중차대한 의무입니다. 부모는 자녀의 지적·정서적·정신적 성장을 위해 자녀를 주의 깊게 자극하고 지도해야 합니다.

 자녀가 남의 가게에서 물건을 훔쳤습니다. 공공도서관에서 소리를 지르며 뛰어다녔습니다. 밤중에 아파트에서 고래고래 소리를 질렀습니다. 친구들 앞에서 바지를 내렸습니다. 화가 난다고 옆자리에 앉은 아이의 물건을 집어 던지고, 그 아이의 손등을 연필로 찍었습니다. 이러한 행위들로 인해 부모가 화가 치솟아 다짜고짜 소리 지르며 아이를 두들겨 패면 이는 훈육이 아니라 학대(폭력)입니다. 아이의 문제점을 파악하고, 그 문제점을 고쳐 올바르게 생각하고 행동하도록 하는 것, 즉 올바른 사람이 되도록 하는 것이 훈육입니다.

 예나 지금이나 문제점 많은 아이, 특히 그것이 습관화되어 버린 아이를 훈육하기란 쉬운 일이 아닙니다. 전통사회에서는 좋은 말로 하다 그게 잘 먹히지 않으면 질책(叱責, 꾸짖음)과 편달(鞭撻, 매질)이란 수단을 사용했습니다. 이는 그 목적이 고통을 주는 데 있는 것이 아니고, 또한 훈육의 효과가 아주 좋았기 때문에 지난 수천 년 동안 별 이의 없이 광범위하게 사용되었습니다. 전통사회에서 '질정(叱正, 꾸짖어 올바르게 함)을 바란다'거나 '지도편달(指導鞭撻, 매질로 지도함)을 바란다'는 말은 훈육적 차원, 더 나아가 교육적 차원에서 일종의 유행어였습니다. 부모가 행실이 안 좋은 자녀를 꾸짖음과 매질로라도 쓸모 있는 사람이 되도록 하려는 행위는 하등 이상할 바가 없는 것으로 보입니다.

그러나 민주주의와 인권사상이 고도로 발달한 요즈음의 우리 사회에서는 어떤 이유로든 아이들을 꾸짖고, 매질하는 것은 용납할 수 없는 학대로 간주됩니다. 전통적 방식의 훈육은 일체 허용되지 않는 것입니다. 그렇다고 무슨 뾰족한 훈육 방법이 있느냐 하면 그것도 아닙니다. 서양의 갖가지 훈육 이론들이 난무하지만 그걸 제대로 따라 하기도 어렵고, 효과도 별로 없는 듯합니다. 그리하여 요즈음 가정에서의 자녀 훈육은 거의 방치된 상태입니다.

부모들은 자신들이 방치한 자녀 훈육의 의무를 학교에 위탁한 듯합니다. 물론 학교는 학부모들이 위탁하지 않아도 학생들을 훈육할 의무를 집니다. 그러나 1차적인 의무는 부모들에게 있고, 학교는 2차적인 의무를 질 뿐입니다. 그런데도 부모들은 그 중차대한 의무를 모두 학교에 맡겨 버린 듯합니다. 학교는 울며 겨자 먹기 식으로 그 의무를 떠안습니다. 그러지 않으면 직무유기라 비난받기 때문입니다. 교사는 급우들이 보는 앞에서 바지를 내린 아이를 훈계합니다. 엎드려 자는 아이 어깨를 흔들어 깨웁니다. 이에 대한 부모들의 반응은 경악스럽습니다. 아이의 이상 행위에 대해 훈계하면 정서적 학대, 혹은 '기분 상해죄'로 고소합니다. 흔들어 깨우면 신체적 학대, 혹은 '수면방해죄'로 고소합니다.

우리 사회에서 학부모는 '갑'이고 교사는 '을'입니다. 학부모는 교사에게 소위 '갑질'을 해댑니다. 그것도 가혹하게 말입니다. 해당 교사는 고통을 견디지 못하고 자살합니다. 그래서 교사들은 해 봐야 손해일 게 뻔한 훈육 의무를 소홀히 하며, 거리로 나서 교권 보호를 부르짖습니다. 요즈음 우리 사회의 적나라한 현실입니다. 도대체 어쩌자는 것인지요?

자녀에 대한 어떠한 학대도 있어서는 안 됩니다. 그러나 훈육 차원의 꾸짖음과 사랑의 매 정도는 학대가 아니라 정당한 수단으로 보아도 되지 않을까요? 물론 상처를 주거나 다치지 않게 하는 수준에서 말입니다. 부모들이 자신들의 훈육 의무를 학교에 떠넘겨 놓고, 그것을 수행하는 교사들에게 '갑질'을 해대는 사이 아이들 인성은 나빠져만 갑니다.

교육을 통해 세계적 인물들을 수없이 배출한 유대인들의 체벌 교육 한 토막을 소개합니다. 『탈무드』에 통달한 유대인 마빈 토케이어의 말입니다.

유대인들은 자녀가 잘못을 저지르면 지혜의 원천인 머리를 제외하고 나머지 신체 부위를 체벌하는 것을 주저하지 않는다. 자녀와 외출했을 때 그릇된 언행을 하면 아무리 중요한 일이 있어도 곧장 집으로 데리고 가서 엉덩이를 때리고 야단을 친다. 유대인들은 부모의 손도 입이나 눈과 마찬가지로 자녀 교육의 장치라고 생각한다. 눈과 입과 말과 손은 자녀에게 실제적인 아픔을 주기 때문에 자신의 행위를 반성하게 하는 효과가 있다. 하지만 체벌의 목적은 자녀에게 신체적 고통을 주는 데 있는 것이 아니라 마음을 교정하는 데 있으므로 상처를 주거나 다치게 하는 체벌은 피한다. 또한 체벌 뒤에는 반드시 애정 표현이 뒤따른다. 사랑이 뒤따르지 않는 단순한 체벌로 그친다면, 그것은 자녀들을 지배하고 개성을 억압하는 결과가 되기 때문이다.

우리의 전통적 자녀 훈육 방식도 이와 유사했습니다. 현대적인 것이 무조건 좋은 것은 아닙니다. 자녀를 훈육·교육함에 있어서 신·구의 조화를 숙고해 보는 것이 어떨지요.

4. 과잉보호

부모는 자녀를 보호해야 할 의무가 있습니다. 의식주를 제공하고, 질병과 위험으로부터 보호해야 합니다. 헐벗게 하거나 영양부족 상태에 이르게 해서는 안 됩니다. 병을 예방하는 데 힘써야 하고, 발병하면 빨리 조처를 취해 낫게 해야 합니다. 위험에 노출시켜서는 안 됩니다. 폭력이 난무하는 곳이나 위험한 곳에는 출입을 금해야 합니다. 위험한 일, 자녀의 한계를 벗어난 일을 시켜서도 안 됩니다. 이를 지키지 않으면 부모로서의 의무를 저버리는 것입니다.

다른 한편 부모는 자녀가 스스로 원하는 것을 찾아 수행할 수 있는 자주성을, 성인이 되어 독립해 자립할 수 있는 자립심을 기를 수 있게 해줘야 합니다. 이런 것들은 그냥 길러지지 않습니다. 무엇인가를 적극적으로, 열심히 해 보는 과정에서 길러집니다. 따라서 부모는 자녀가 다양한 것들을 경험하고, 체험해 볼 수 있도록 해야 합니다. 이것도 일종의 의무입니다.

이 두 종류의 의무는 상충하는 면이 있습니다. 보호에 중점을 두다 보면 자주성과 독립심을 기르는 데 소홀하게 됩니다.

그 역도 역시 성립합니다. 여기서 딜레마가 생깁니다. 정확히 균형 잡기가 어려워 우왕좌왕하다 한쪽으로 치우치고 맙니다. 대체로 보면 미국은 보호에 중점을 두는 반면 프랑스 등 유럽은 자주성과 독립성 쪽으로 기웁니다.

우리는 어떨까요? 미국 쪽과 유사합니다. 아니 미국 쪽보다 훨씬 강합니다. 우리 부모들은 자녀들이 최대한 부족함 없이 안전하고 편하게 살도록 최선을 다 합니다. 보호에 신경 쓰느라 자주성과 독립심을 기르는 데는 무관심하다시피 합니다. 명백히 과잉보호입니다.

왜 과잉보호하게 될까요? 자녀의 능력을 불신하기 때문입니다. 자녀가 능히 버텨낼 수도, 해낼 수도 있는데 그걸 불신하기 때문에, 즉 '저 어린 것이 그걸 어떻게 하겠어'하는 불신으로 부모가 나서서 해치워 버리는 것입니다. 무지, 혹은 허영심 때문입니다. 자녀가 마땅히 해야 할 것인데도 자신이 해주는 것을 사랑이라고 믿는 무지 때문에, 자녀를 과보호할 수록 자기가 주변에 돋보일 거라고 믿는 허영심 때문에 과보호하게 되는 것입니다. 우리 부모들은 대개 자신의 자녀들이 다른 집 아이들보다 더 잘 보호 받는 상태에 있어야 직성이 풀린다는듯 이웃 부모들과 경쟁적으로 과잉보호에 적극적입니다.

부모들의 과잉보호는 다양한 형태로 나타납니다. 자기 방 청소나, 학교에 가져갈 준비물 챙기기 등은 아이들이 당연히 해야 할 일이지만 부모가 냉큼 해줘 버립니다. 자녀의 기분에 맞추기 위해 원하는 것을 다 들어주고, 신경질까지 받아주는 등 '오냐오냐'주의로 일관합니다. 작은 고민거리나 찰과상 정도의 상처에 큰일이라도 난 것처럼 허둥대며 반응합니다. 놀이터에서 놀다 또래 아이들과 사소한 말다툼이 생겼는데 부모가 쏜살같이 달려가 사태를 종결시켜 버립니다. 학교에서 친구와 작은 갈등이 생겼는데, 그걸 해결한답시고 동분서주 합니다. 학교에서 아이들 탐구심과 모험심을 기르기 위해 3박4일 캠핑을 가는데 혹시 무슨 사고라도 날세라 따라가 주변에서 숙식을 하며 그 진행 과정을 감시하고, 심지어는 간섭까지 합니다. 이 모든 것이 과잉보호 행위입니다.

과잉보호하면 아이에게 어떤 문제들이 생길까요? 줄탁동시(崒啄同時)란 말이 있습니다. 병아리가 알에서 깨어날 때 어미닭과 병아리가 안팎에서 동시에 서로 조화롭게 껍질을 쪼아댄다는 말입니다. 그래야 건강한 병아리가 나오게 됩니다. 병아리는 알을 깨고 나오는 과정에서 제 역할을 함으로써 생존능력을 갖게 되기 때문입니다. 만약 어미닭이 병아리가 쉽게 나오게 하겠다고 혼자 알을 깨 버리면 병아리는 나와서 곧 죽습니다. 사람도 똑같습니다. 과잉보호는 잘못된 사랑, 빗나간 사랑입니다. 그것은 아이를 문제아로 만듭니다. 과잉보호 속에 자란 아이는 해야 할 일을 스스로 찾아서 하는 능력, 즉 자주성이 떨어집니다. 홀로 서는 독립심·자립심이 떨어집니다. 결정장애와 의지박약 상태가 됩니다. 인간관계에서 생기는 문제를 해결할 능력이 없습니다. 사회성이 떨어져 타인과의 관계가 안 좋습니다. 매사에 수동적입니다. 매우 이기적입니다. 참을성이 없고, 화를 잘 냅니다. 세상에 대해 냉소적이고, 자기 연민이 강합니다. 조그마한 일만 생겨도 자기를 그렇게 만든 부모를 원망하면서도 동시에 의존합니다. 이런 사람이 제대로 된 삶, 행복한 삶을 살기는 거의 불가능합니다.

과잉보호는 신체 건강에도 문제를 일으킵니다. 신체 건강을 위해 아이들은 또래들과 어울려 놀며, 몸을 적당히 움직여야 합니다. 때로는 제 힘으로 산에도 오르고, 모험적인 활동을 하기도 해야 합니다. 그런데도 부모들은 자녀들이 혹여 다칠세라, 다리가 아플세라, 몸이 피곤해 그놈의 공부를 좀 못하게 될세라 몸 움직임을 최소화시킵니다. 걸어서 5분 거리도 안 되는 학교나 학원에 습관적으로 차로 데려다줍니다. 칼

로리 높은 음식을 시도 때도 없이 먹이고, 영하 20-30도 정도의 혹한에나 입으면 적합할 고급 방한복을 온화한 날씨에 입힙니다. 이로 인해 체구는 좋으나 체력은 약한 아이가 됩니다. 작은 신체적 고통도 참아내지 못합니다.

20세기 후반 프랑스에서 가장 영향력 있는 육아 전문가는 프랑스와 돌토였습니다. 그녀는 이렇게 말했습니다.

> 가장 중요한 것은 아이가 안정된 상태에서 가능한 한 일찍부터 자율을 경험하는 것이다. 아이는 자신이 어떤 모습이든 그 모습 그대로 사랑받는다고 느낄 필요가 있다. 공간 안에서 자기 자신을 확신하고, 매일매일 자신만의 탐험과 개인적인 경험과 또래와의 관계 속에서 보다 많은 자유를 누릴 수 있어야 한다.

돌토는 아이가 6살 정도가 되면 사물을, 자기가 잘할 수 있고 좋아하는 것을, 가족과 사회 안에서 자기가 해야 할 역할 등을 희미하게 이해하게 된다고 보았습니다. 따라서 그 무렵이 되면 많은 경험과 시행착오를 통해 성인의 삶을 준비할 수 있도록 가능한 한 자유롭게 놓아두는 것이 좋다고 주장했습니다.

세상은 녹록치 않고, 누구라도 언제 어디서든 어떤 일이라도 당할 수 있습니다. 잘 나가는 것 같다가도 누구의 도움도 받을 수 없는 수렁에 빠져 허우적거릴 수 있습니다. 그때 필요한 것은 강인한 체력과 의지, 해낼 수 있다는 자신감, 불굴의 정신입니다. 이런 것들은 과잉보호 속에서는 길러지지 않습니다. 사람은 무너지지 않을 정도의 고난과 시련 속에서 생존력을 키울 수 있습니다. 때문에 부모는 자녀가 어느 정도의 고난과 결핍을 경험하게 하는 것이 좋습니다. 과잉보호는 자녀를 망치는 지름길입니다.

5. 조기·선행학습에 올인

 토르스튼 위즐은 뇌교육 연구자로 1981년에 노벨 생리의 학상을 받았습니다. 그는 이렇게 말했습니다.

> 출생부터 사춘기까지는 교육에 있어 매우 중요한 기간이다. 이 기간에 아이는 시각, 청각, 언어 등 많은 자극을 받을 수 있는 환경에서 살아야 한다. 왜냐하면 이 기간에 그 후의 인생에서 성장하기 위한 기초가 마련되기 때문이다.

 우리 부모들은 이 말을 위즐이 조기·선행학습의 중요성을 말한 것으로 받아들일 것입니다. 그러나 아닙니다. 그는 시각, 청각, 언어 등에서 많은 자극을 받아야 함을 말하고 있습니다. 그런 자극은 마음껏 노는 데서 옵니다. 노래하고, 춤추고, 종이 접기하고, 블록 쌓기 하고, 놀이터에서 모래성 쌓기 하고, 산으로 들로 나돌아 다니는 것 등 말입니다. 이런 행위들을 통해 아이들은 성장의 가능성을, 뇌의 용량을 키워갑니다. 위즐은 아이들이 많이 놀 수 있는 환경을 만들어줘야 그들이 크게 성장할 수 있음을 말하고 있는 것입니다.

우리 부모들은 이와는 정반대의 길을 가고 있습니다. 그들은 자녀가 노는 꼴을 용납하지 못합니다. 수학 공식이나 영어 단어를 외우고, 문제를 풀고, 잡다한 지식을 쌓으라고 닦달합니다. 고전을 읽고 있으면 그런 것 읽을 시간이 어디 있느냐고, 시간 없으니 다이제스트(줄거리를 간단히 요약해 놓은 것)로 끝내라고 합니다. 그들은 자녀가 가능한 한 조기에, 가능한 한 빨리, 가능한 한 많은 지식을 머리속에 축적하기를 원합니다. 요즈음 군 단위 지역 학원에도 초등학생 대상 의대 진학반이 생기고 있습니다. 10여 년 전만 해도 선행학습이라면 중학생이 특목고에 가기 위해, 고등학생이 의대 등에 진학하기 위해 하는 것이 보통이었습니다. 그런데 이제는 촌 동네 초등학생들이 의대에 가기 위해 학원에 모여 조기·선행학습을 하는 일이 벌어지고 있습니다.

이런 식의 학습은 아이들의 성장 가능성을 쪼그라뜨립니다. 뇌의 용량을 도토리깍쟁이만 하게 축소시킵니다. 기껏해야 만들어진 우등생을 만들어낼 뿐입니다. 그들은 공부를 좋아할 기회를 갖지 못하고, 따라서 공부의 즐거움을 모릅니다. 그냥 학교나 학원에서, 인터넷 강의를 통해 필요한 지식을 주입받고, 문제의 정답을 귀신같이 찾아내는 기술을 터득할 뿐입니다. 그들은 그런 지식과 기술로 원하는 대학에, 자기보다는 부모가 원하는 대학에 들어갑니다. 그러나 딱 거기까지입니다. 가능성의 한계에 부딪힙니다.

놀라지 않을 수 없는 통계가 있습니다. 2000년 전후 20여 년간 하버드대나 예일대 등 미국 아이비리그 대학에 입학한 한국인 학생들의 중도 탈락률은 무려 44%나 되었습니다. 주지하듯이 그런 대학에 입학하는 것은 가문의 영광입니다. 부모는 춤이라도 추고 싶을 것입니다. 태극기 휘날릴 일이기도 합니다. 언론은 미국 명문대 입학 사실을 대서특필하곤 했습니다. 그러나 결과는 참담했습니다. 우리에 비해 유대인 학생들의 중도 탈락률은 12.5% 정도에 불과했습니다.

왜 한국 학생들은 그런 결과를 내고 말았을까요? 학부모들이 암기 위주와 정답 찾기식의 입시교육을 강요했고, 자녀들은 어쩔 수 없이 그것을 수용했기 때문입니다. 그런 교육으로 아이들의 가능성이, 뇌의 용량의 쪼그라들었기 때문입니다. 미국 대학들은 열린 교육을 지향합니다. 학생들은 주어진 주제에 대한 한 가지 정답을 찾는 것이 아니라 여러 가능성을 탐색합니다. 그들은 토론하고, 대안을 제시하고, 세부적인 프로젝트를 만들어 수행하고, 현실 생활에 적용하는 등의 절차를 진행합니다. 반면 한국 학생들은 주입식 입시교육에 진력하느라 인성교육, 사회활동, 창의력 함양 등을 등한시했기에 많은 수가 그에 적응하지 못해 중도 탈락하고 마는 것입니다.

놀랄만한 통계 하나를 더 소개하겠습니다. 한국인 수는 5천만이 조금 넘고, 유대인 수는 1천 6백만 정도입니다. 한국인 평균 IQ는 106 정도인데 비해 유대인의 그것은 95 정도입니다. 그런데 누적 노벨상 수상자 숫자는 유대인이 200여 명인데 반해 한국인은 고 김대중 대통령과 소설가 한강으로 단 2명입니다. 전체 노벨상 수상자 가운데 유대인이 차지하는 비율은 20%가 넘습니다. 그야말로 놀라 자빠지지 않을 수 없는 수치입니다. 조건상으로는 한국인이 월등히 좋은데도 실제 수치상으로 나타나는 이 엄청난 차이는 어디에서 나올까요? 바로 교육에서 나옵니다.

유대인 부모도 한국인 부모 못지않게 교육열이 높습니다. 미국에서 '주이시 맘(Jewish Mom, 유대인 엄마)'은 교육열이 높은 어머니의 대명사격인 말입니다. 미국에서 유대인 밀집지역은 학군이 좋은 곳으로 알려져 집값이 비쌉니다. 그러나 유대인 부모들은 우리의 부모들과는 전혀 다른 방식으로 교육시킵니다. 그들은 조기·선행학습, 암기 위주의 주입식 입시교육, 속성 교육, 교육자의 일방적 교육, 정답을 용케 잘 찾아내는 정답 찾기식 교육을 시키지 않습니다. 그들은 적기(適期)교육, 인성교육, 전인교육을 지향합니다. 그들은 자녀가 일방적으로 듣는 교육이 아니라 문답식 교육을, 하나의 정답만 있는 것이 아니라 여러 해답이 있음을 알려주는 교육을, 성공지향적인 교육이 아니라 행복지향적인 교육을 시킵니다. 그들은 곧바로 효과가 나타나는 교육이 아니라 평생에 걸쳐 성장하며 큰 결실을 얻게 되는 교육을 지향합니다. 이러한 교육을 통해 그들의 자녀들은 무한한 가능성을 기릅니다. 그 가능성이 결국에는 찬란한 꽃을 피워냅니다.

『맹자(孟子)』에 "조장(助長)"이란 말이 나옵니다. 맹자는 이 말을 다음과 같이 설명합니다. 옛날 어떤 사람이 밭에 심어놓은 어린 싹들이 빨리 자라지 못함을 답답히 여겨 빨리 자라게 하려고 어느 날 그 싹들을 일일이 위로 뽑아 올렸습니다. 그런 후 집으로 가 자랑스럽게 자신이 한 일을 늘어놓았습니다. 그의 아들이 그 말을 이상히 여겨 다음날 밭으로 달려가 보았습니다. 그 싹들은 모두 시들어 죽어 있었습니다.

요즈음 우리 학부모들의 자녀 교육이 이런 식이 아닌가 싶습니다. 조기·선행학습에 올인하는 것은 자녀를 고사(枯死)시키는 행위입니다. 대기만성(大器晩成)임을 알아 적기교육, 인성교육, 전인교육으로 가는 게 정도입니다.

6. 다른 아이들과의 지나친 비교

아인슈타인은 20대 초반까지만 해도 문제가 많은 사람으로 보였습니다. 어릴 때는 말이 어눌했고, 자폐증상도 약간 있었고, 또래 아이들에게 왕따였습니다. 학교에 들어가서는 성적이 나쁜 데다 이렇다 할 특성도 드러내지 못했습니다. 담임교사는 성적기록부에 "이 아이는 앞으로 무엇을 해도 성공 가능성이 없어 보인다"고 썼습니다. 고등학교에 들어갔으나 성적이 안 좋아 중퇴하고 말았습니다. 고등학교 졸업장이 없어 어려움을 겪다 우여곡절 끝에 스위스 쮜리히 공과대학에 들어갔습니다. 대학생활도 성공적이지 못했고, 성적마저 아주 나빴습니다. 이로 인해 취업에 어려움을 겪었습니다. 그러나 그의 부모는 아들에게 나쁜 말을 한마디도 하지 않았습니다. 다른 아이들과 비교하지도 않았습니다. 그러기는커녕 아들만이 갖는 장점이 있을 것이라 믿고, 아들에게 그것을 찾으라는 격려를 아끼지 않았습니다.

캘빈 클라인은 아주 어렸을 때부터 의상 스케치를 좋아했습니다. 다섯 살 때 이미 엄마를 모델로 삼아 연습했고, 의상 디자이너가 되겠다는 꿈을 가졌습니다. 그는 계속 그 꿈을 키워갔습니다. 그래도 그의 부모는 조금도 걱정하지 않았습니다. '다른 아이들은 공부해 대학에 가고, 성공할 텐데 너는 어떻게 하려고 그러느냐'는 식의 말 한마디 없었습니다. 의상 디자인이 아들의 확실한 특기이자 취미임이 확인되자 주저 없이 맨해튼 소재 디자인학교에 입학시켰습니다.

스티븐 스필버그는 어린 시절 평범한 아이였습니다. 학교 공부에는 크게 신경 쓰지 않았고, 아이들과 어울려 놀기를 좋아했습니다. 학교에 가기 싫어할 때도 있었는데, 그럴 때면 엄마가 학교에 아들의 결석을 정당화시키는 거짓 편지를 보내곤 했습니다. 엄마는 아들이 공부를 잘하기보다는 잘하고 좋아하는 일을 찾아 성취해가면서 행복한 삶을 사는 것이 중요하다고 믿었습니다. 아버지도 다르지 않았습니다. 그들은 아들에게 어떠한 것도 강요하지 않았고, 다른 아이들과 비교하지도 않았습니다. 오직 아들만이 갈 수 있는 길을 가도록 격려하고 도왔습니다.

위의 세 사람은 다 유대인입니다. 유대인 자녀 교육 특성 중 가장 중요한 점은 자녀가 독창성을 발휘할 수 있는 개성과 특성을, 잘하고 좋아하는 것을 찾아가도록 인내하면서 조력을 아끼지 않는 것입니다. 그들은 사람마다 개성과 특성, 좋아하는 것과 잘하는 것이 다르다고 믿습니다. 따라서 각기 장점을 가진 분야를 찾아 그 분야에서 빛을 내면 된다고 봅니다. 그러기에 그들은 자녀들이 그렇게 될 수 있도록 교육합니다. 그들은 자녀가 다른 아이들과의 경쟁에서 승리하기를 원하지 않습니다. 다른 아이들과는 다른 길, 독창적인 길을 가기 원합니다.

　10여 년 전에 유행했고, 지금도 많이 쓰이는 '엄친아'라는 말이 있습니다. 엄마 친구의 아들이란 말입니다. 엄마가 아들에게 정색하고 이 말을 쓰면 의미심장한 뜻을 담고 있는 무서운 말이 됩니다. 엄마가 아들에게 친구 아들에 대해서 말한다면 도대체 어떤 내용일까요. 그저 그렇고 그런 시시한 말을 하지는 않을 것입니다. 두드러진 점들, 뛰어난 점들을 말을 할 것입니다. 멋지게 잘 생겼고, 공부 잘하고, 예의 바르고, 운동도 잘하고, 심부름도 잘 한다는 등등. 엄마의 눈에 친구의 아들은 아주 이상적인 아이입니다. 그에 반해 자기 아들은 변변치 못한 것으로 보입니다. 그 말을 쓰는 자체로 엄마는 자신의 눈에 비친 친구의 이상적인 아들과 그렇지 못한 자기의 아들을 비교하는 것입니다. 그런 비교의 말을 습관적으로 하루에도 몇 번씩 합니다. 그런 말을 귀에 딱지가 지도록 들은 아들은 엄마가 또 '엄친아' 타령한다고 생각합니다.

엄마가 그런 비교를 일삼는 이유는 무엇일까요? 아들의 경쟁심을 격발시켜 친구의 아들처럼 이것저것 잘하는 아이가 되라는 뜻이 가장 앞에 있을 것입니다. 그 다음은요? 아마도 엄마의 불안한 심리상태, 인정받으려는 욕구 등이 작용하고 있을 것입니다. 친구의 아들과 비교해보니 자신의 아들은 뭔가 부족한 것 같아 믿음이 잘 가지 않습니다. 불안합니다. 친구는 똑똑한 아들을 둔 덕분에 친구들로부터 부러움 섞인 찬사를 듣는데 자기는 그렇지 못해 불만입니다. 제발 아들이 뭐 한 가지라도 잘해 자기도 친구들로부터 질시 섞인 칭찬이라도 한 번 듣고 어깨를 으쓱해봤으면 좋겠다는 생각이 간절합니다.

'엄친아' 타령을 들은 아들은 어떨까요? 명랑하고 호방한 성격의 아이라면 '또 그 소리야'하며 무시해 버릴 것입니다. 나는 이게 최선의 대응방법이라고 여깁니다. 그러나 대부분의 아이들은 자신과 '엄친아'를 스스로 비교해보며 주눅이 들 것입니다. 무력감, 열등감에 시달릴 것입니다. 자존감이 낮아질 것입니다. 엄마에 대해서는 실망감을 넘어 불신감을 갖게 될 것입니다. 엄마 등살에 간혹 '엄친아'를 닮아보려고 이것 저것 해보는 아이도 있을 것입니다. 그러나 그런 식으로 해서는 괜찮은 결과를 얻기 어렵습니다. 기껏해야 오리처럼 조금 뛸 줄도 알고, 날 줄도 알고, 헤엄칠 줄도 아는 존재, 어중간한 팔방미인 정도가 되고 말 것입니다.

이 세상에 서로 똑같은 사람은 하나도 없습니다. 사람마다 특성과 재능이 다 다릅니다. 여러분의 자녀들은 모두 독특한 특성과 재능을 갖고 있습니다. 내향적인 아이도 있고, 외향적인 아이도 있습니다. 공간 이해능력이 뛰어난 아이도 있고, 예술적 재능이 탁월한 아이도 있습니다. 그러므로 그들 모두 나름의 길을 가야 합니다. 자녀가 잘하는 것을 찾아내, 그것을 더 잘하고 더 좋아하게 해 직업으로 삼게 해야 합니다. 위의 기라성 같은 유대인들의 부모들은 다 그랬습니다.

그런데 우리 부모들은 아이들 모두가 치열한 경쟁을 피할 수 없는 하나의 목표를 향해 뛰어야 한다고 생각합니다. 사회적·세속적 성공 말입니다. 부모들은 자신의 자녀가 그러한 경쟁에서 패배하지 않기를 갈망하며, 패배할까 조바심치며 다른 아이들과의 비교를 일삼습니다. 그 비교로 당신의 자녀는 기력을 잃어가고, 가능성을 상실해갑니다. 비교 대신 개성과 특성을 찾아내고, 잘하는 것과 좋아하는 것에 매진하도록 격려해야 합니다. 수많은 사람이 외길을 함께 달리며 1등 하려고 경쟁하는 것보다 사방팔방으로 흩어져 자기만의 독자적인 길을 모색하는 것이 훨씬 더 생산적이고 보람 있을 것입니다.

7. 특정 이념이나 종교 주입

  2023년 여름, 학교가 끝난 아이들을 모아 놓고 돌보는 지역아동센터에서 일했습니다. 어느 날 무슨 환경단체라는 곳에서 40대 중반쯤으로 보이는 여성이 와서 아이들에게 환경에 관해 강연했습니다. 환경문제야 워낙 중요하니까 환경보호 차원에서 우리가 무얼 어떻게 해야 한다는 이야기는 아무리 강조해도 지나치지 않습니다. 그런데 그 여성은 좀 듣기 거북한, 너무 편협한 이야기로 일관했습니다. 일본인들이 버린 쓰레기가 해류를 타고 한국 해안에 상륙해 우리 환경을 더럽히는데, 일본이 핵오염수(핵폐수, 핵오염수, 핵오염처리수 등 다양한 용어가 사용됨)까지 방출해 큰 문제라는 것이었습니다. 그 오염수로 인해 바닷고기가 오염되고, 그 고기를 먹은 사람은 몇 년 후 중병에 걸려 위험한 처지에 놓일 거라는 것이었습니다. 자기는 자녀에게 그 점을 알려 경각심을 갖게 하고 있는데, "여러분들은 그걸 아느냐"고 물었습니다. 아이들이 별 반응을 보이지 않자 "그걸 알아야 한다"고 재차 강조했고, 다시 묻자 아이들은 "예"하고 큰소리로 대답했습니다. 그 아이들은 그 여성을 통해 일본이 방출한 핵오염수는 치명적으로 나쁜 것이며, 그걸 바다에 방류한 일본인들은 막말로 '죽일 놈들'이라는 인식을 부지불식간에 갖게 되었을 것입니다.

일본이 바다에 방류한 핵오염수는 분명히 오염되지 않은 해수보다는 나쁩니다. 그걸 방류함으로써 주변국들에 폐를 끼침은 확실합니다. 일본이 그걸 어떻게든 끌어안고 있으면 우리에게는 최상일 것입니다. 그러나 그것은 앞서 말한 여성이 주장한 것처럼 그렇게 치명적이지는 않습니다. 국제원자력기구(IAEA)나 한국해양과학기술원 등 공신력 있는 기구들이 많은 실험을 통해 그것이 인체에 미치는 영향은 무시해도 좋을 만큼 미미한 것으로 결론냈습니다. 따라서 그걸 바다에 버리는 것은 크게 나쁘지는 않은, 일본으로서는 어느 정도 합리적이고 주변국들로서는 내키지는 않지만 양해해 줘야 할 정도의 사안이었습니다. 한국의 전 정부(문재인 정부)도 국제원자력기구의 결론에 따르겠다고 밝힌 바 있었습니다.

그럼에도 불구하고 세계적으로든, 국내적으로든 그에 대한 여론이 양분되어 있었습니다. 왜 그랬을까요. 그 문제를 사실이냐 아니냐의 관점에서 다루지 않고, 정치적·이념적인 차원으로 끌고가는 나라들이 있었기 때문입니다. 통상 서방세계는 동양세계보다 환경문제에 까다로운 편입니다. 그렇지만 일본의 핵오염수 방류를 크게 문제삼지 않았습니다. 일본산 어류 수입도 금지하지 않았습니다. 객관적 사실로 볼 때 크게 문제될 게 없다고 판단했기 때문입니다. 반대로 중국은 일본을 비난하며, 일본 수산물 수입을 규제했습니다. 중국이 그 문제를 사실의 관점이 아닌 일본과의 얽히고설킨 역사와 뿌리 깊은 정치적·이념적 갈등의 차원에서 다루었기 때문입니다.

국내에서는 그 문제를 두고 양분되어 사생결단을 내려는 듯 싸웠습니다. 정부와 여당은 사실 여부의 관점에서 보고, 행동했습니다. 반면 야당은 정치적·이념적인 시각으로 문제삼았습니다. 사실은 있는 그대로 항상성을 띱니다. 그러나 정치적·이념적인 시각이 개입되면 사실은 온데간데 없이 사라지고 맙니다. 편협한 낭설들이 바람을 타고 여기저기 흘러다닙니다. 같은 사실을 놓고도 상황에 따라 해석이 완전히 뒤바뀝니다. 자기 주장을 합리화하기 위해 괴담을 생산해내기도 합니다. 정치적·이념적으로 우위에 서고자 끊임없이 괴담을 양산해내는 사회, 바로 한국 사회입니다.

어른들이야 그렇다고 칩시다. 그러나 아이들에게, 자녀들에게 그걸 가르치고 본받도록 해서는 안 됩니다. 어른들이 짧은 소견으로 아이들을 이용해 먹으면 안 됩니다. 아이들이 정치적·이념적으로 생각하고 행동하게 해서는 안 됩니다. 부모들이 자신들의 이해관계에 따라 아이들을 이쪽에 세웠다 저쪽에 세웠다 하면 아이들이 어찌 되겠습니까. 아이들이 어른들의 현실적 유·불리에 따라 이리저리 흔들리면 어찌 되겠습니까. 아이들은 사실의 굳건한 토대 위에 서서 생각하고 행동할 수 있어야만 합니다. 그래야만 튼튼하고 크게 자랍니다. 그런데도 부모가 자신의 정치색과 이념에 따라 아무것도 모르는 자녀에게 일본의 핵오염수 방류는 용서할 수 없는 일이라고 믿도록 만드는 우리의 현실, 이는 자녀를 망치는 길입니다. 그런 일은 결코 없어야만 합니다.

미국은 정치와 종교가 잘 분리된, 개인의 종교적 자유가 잘 보장된 나라입니다. 그 토대를 세우는데 가장 크게 기여한 사람은 3대 대통령 토마스 제퍼슨이었습니다. 그는 종교는 인간이 추구하는 것 중 가장 내밀한 것이라고 여겼습니다. 따라서 각자가 알아서 자신의 종교를 결정할 수 있도록 해야 한다고, 심지어는 가족 간에도 이 점에 있어서는 서로 영향을 끼쳐서는 안 된다고 보았습니다. 그는 부모가 어린 자녀에게도 종교에 대해서는 이러쿵저러쿵 해서는 안 된다고 주장했습니다. 자녀가 성장해가며, 인식의 지평을 넓혀가며 스스로 종교를 선택하게 해야 한다는 게 그의 지론이었습니다. 아무튼 그는 1770년대 말 "신교자유 법안"을 만들었고, 버지니아가 그것을 토대로 미국에서 가장 먼저 정교분리와 종교의 자유를 법적으로 보장했습니다. 그리고 1787년에 제정된 미국 헌법에 종교의 자유가 명문화됨으로써 미국은 명실상부한 정교분리국가, 종교의 자유를 보장하는 국가가 되었습니다.

그러나 이는 어디까지나 국가적, 주정부적 차원에 해당할 뿐입니다. 범위를 가정의 차원으로 축소해 보면 미국에서도 종교의 자유는 상당히 제한적입니다. 부모의 종교가 자녀에게 그대로 세습되는 경우가 많습니다. 경우에 따라 부모는 그것을 거부하려는 자녀에게 가혹합니다. 모든 지원을 끊겠다거나, 심지어는 부모와 자식의 인연을 끊겠다고 위협하기도 합니다. 그런 압박에 자녀는 코뚜레에 매인 소처럼 부모의 종교에서 벗어나지 못한 경우가 적지 않습니다.

30여 년 전의 경험입니다. 추운 겨울에 어쩌다 미국 시카고에 갔습니다. 그곳에 유학 중이던 친구가 구경하자고 해 이곳저곳 다니다 그때만 해도 관광 명소였던 시어스 타워에 올랐습니다. 관광객들이 붐볐습니다. 거기서 내 눈에 가장 띄었던 사람들은 화려한 모습의 관광객들 사이에 검고 허름한 치마저고리 차림으로 추위에 떨던 몇 명의 처녀들이었습니다. 친구가 그들은 인근 인디애나 주(州)에 소재한 아미쉬 마을, 즉 특수 종교 공동체 사람들이라고 했습니다. 그들은 현대문명을 거부하고, 전통적인 삶을 고수한다고 했습니다. 나는 '저 어린 처녀들이 자의로 그런 삶을 사는 게 아니라 부모들의 강요로 어쩔 수 없이 그럴 것'이라고 생각했습니다. 틀림없이 그랬을 것입니다.

최근에 미국인 타라 웨스트오버의 에세이 『배움의 발견』을 읽었습니다. 그녀의 아버지는 모르몬교 근본주의자였습니다. 그는 정부는 타락한 악마이며, 공교육은 구원의 길을 차단하는 거짓만을 아이들에게 주입시킬 뿐이라고 믿었습니다. 따라서 그는 철저히 반정부적이었고, 공교육을 단호히 거부했습니다. 어머니는 아버지에게 맹목적으로 순종할 뿐이었습니다. 그는 자녀를 여럿 두었는데 학교에 가지 못하게 막았습니다. 타라는 16세까지 학교 구경도 못 해 봤다고 말합니다. 그 후 아버지의 갖은 방해를 교묘히 피해 학교에 발을 디디게 되었으며, 극심한 좌절과 시련을 극복하고 끝내 영국 케임브리지대학에서 역사학으로 박사 학위를 받았습니다. 그녀는 배움 이전까지의 삶은 무지와 고통으로 점철되었지만, 배움을 통해 인간과 세상을 알아가는 삶은 기쁨 그 자체였다고 고백합니다. 그녀는 지금 행복한 삶을 누리고 있다고 합니다. 1986년생이므로 아직 채 40세도 안 되었는데도 미국에서 가장 영향력 있는 여성 중 한 명으로 꼽히고 있습니다.

우리나라도 미국처럼 종교의 자유가 국민의 기본권으로 보장됩니다. 그러나 미국처럼 가정 차원에서는 종교의 자유가 보장된다고 보기 어렵습니다. 심지어는 모태신앙이라고 해서 태어날 때부터 부모의 종교를 갖고 태어나는 것으로 상정되는 경우도 적지 않습니다. 가장 내밀하고 개인적인 개개인의 종교가 아이들에게 이런 식으로 바가지 씌어져도 괜찮을까요? 괜찮지 않습니다. 그로 인한 심각한 결과들이 적지 않습니다. 어떤 종교는 지구의 나이가 1만 년도 채 안 된다고 가르칩니다. 어릴 때부터 귀에 못이 박히도록 그 말을 듣다가 학교에 가서 지구과학을 배우는 아이는 큰 혼란에 빠집니다. 어떤 종교는 그 종교를 믿지 않고 죽으면 죽은 자의 영혼이 영원히 헤어 나올 수 없는 지옥의 불구덩이에서 괴로움을 당한다고 가르칩니다. 그 말을 굳게 믿은 아이는 다른 종교를 가진 친한 친구가 죽을 때 친구의 영혼이 불구덩이에서 고통당할 것을 생각하며 괴로워합니다. 리처드 도킨스는 『만들어진 신』에서 이런 것들은 성직자나 부모가 아이들에게 특정 종교를 주입함으로써 가하는 일종의 정서적 학대라고 주장합니다.

지금 다루고 있는 이 주제는 매우 미묘하고, 복잡하고, 어렵습니다. 그러나 매우 중요하므로 소홀히 해서는 안 됩니다. 어린아이가 무작정 어떤 이념으로 무장되어 있어도 괜찮을까요? 어린아이가 인간의 능력으로는 아직 알지 못하는 세계, 예컨대 죽음 이후의 세계 등에 대해 확신에 찬 결론을 갖고 있어도 될까요? 아닙니다. 첨예하게 대립적이거나 알지 못하는 것에 대해서는 결론을 유보하는 것이 좋습니다. 살아가면서, 지식과 지혜를 키워가면서 나름의 결론을 갖게 하는 것이 좋습니다. 한 마디로 부모가 자녀에게 자신의 이념적·종교적 결론을 주입시키면 자녀의 삶이 고단해집니다.

8. "내 새끼 지상주의"에 몰입

 지지난해 여름 우리 사회는 한 새내기 교사가 학부모의 갑질에 해당하는 민원으로 고통에 시달리다 자살한 사건으로 큰 홍역을 치렀습니다. 소설가 김훈은 그런 유의 갑질을 "악성 민원"으로 분류하고, 그 본질은 "내 새끼 지상주의"라고 명명했습니다.

> 악성 민원의 본질은 한마디로 한국인들의 DNA 속에 유전되고 있는 내 새끼 지상주의다. 내 새끼 지상주의는 내 새끼를 철통 보호하고 결사옹위해서 남의 자식을 제치고 내 자식을 이 세상의 안락한 자리, 유익한 자리, 끗발 높은 자리로 밀어 올리려는 육아의 원리이며 철학이다. 내 새끼 지상주의는 사회적 관계 속에서 나의 자식이 겪게 되는 작은 불이익이나 훼손을 견디지 못하고 사회관계망 전체를 뒤흔들어 버린다.

 김훈은 "내 새끼 지상주의"를 우리의 뿌리 깊은 육아 원리, 혹은 철학으로 보고 있습니다. 그런데 사실 그것은 그리 심오한 것도, 특별한 것도 아닙니다. 동서고금을 막론하고 99% 이상의 부모는 본능적으로 자기 자녀에 관한 한 지독한 나르 시스트입니다. 무조건 자기 자녀를 잘 생기고, 똑똑하고, 선하고, 남에게 유익한 존재로, '금쪽이'로 여깁니다. 자기 자녀는 언제나 특별한 대접을 받아야 하며, 행복을 누려야 한다고 믿습니다. 자녀를 위한 것이라면 어떠한 행위도 마다하지 않습니다. 따라서 "내 새끼 지상주의"는 내 새끼가 세상 그 어느 누구보다 잘 되고 행복하기를 바라는 부모의 마음과 거기서 연유한 일련의 행동양식을 말하는 것일 뿐입니다.

그러나 "내 새끼 지상주의"는 마음껏 향유될 수 있는 것이 아닙니다. 그래서는 안 되는 것입니다. 우리는 공동체에, 특히 자녀는 학교라는 공동체에 소속되어 있기 때문입니다. 학부모 모두가 "내 새끼 지상주의"적 사고와 행위를 서슴지 않으면 어떻게 될까요? 당장 자녀들의 배움터인 학교가, 더 나아가 사회 전체가 "만인에 대한 만인의 투쟁" 상태가 되어 버리고 말 것입니다.

그럼에도 우리 학부모들은 득보다 실이 훨씬 많을 정도로 "내 새끼 지상주의"에 빠져 있습니다. 크게 두 가지 형태로 나타납니다. 하나는 아이들끼리 사소한 다툼 등으로 피해가 생겼을 경우 피해자 부모가 '감히 금쪽같은 내 새끼를' 하며 가해자 측과 학교를 응징하려 드는 것입니다. 생각을 좀 유연하게 하면 서로 좋게 넘어갈 수 있을 텐데도 끝장을 봐야만 직성이 풀리겠다는 듯 극단으로 몰고 갑니다. 앞서 말한 새내기 교사 자살 사건도 이런 형태의 "내 새끼 지상주의"가 발단이 된 것으로 알려져 있습니다.

다른 하나는 보다 광범위하게 전개되고, 그 결과로 사회적 뒤틀림 현상이 크게 일어나지만, 교묘한 형태라서 그 모습이 잘 드러나지 않은 경우가 많은 것으로 자기 자녀가 경쟁에서 이기도록 합법과 불법의 경계를 넘나들면서 온갖 수단을 동원하는 것입니다. 부자들은 월등한 경제력으로 일대일 개인교습 등을 통해 자녀가 이기는 길을 가도록 만듭니다. 지식인, 관료 등 힘 있는 자들은 가진 지식이나 연줄 등을 이용해 유리한 무기를 얻어 사용합니다. 법의 경계를 넘나들며 별의별 수단을 다 강구하다 혹시 말썽이 생기면 '윤리적으로는 조금 문제 있어 보지만, 법을 위반한 것은 아니다'라고 강변합니다. 그것으로 끝입니다. 힘없는 자들이 떠들어 봐야 그들은 미동도 안 합니다.

지지난해 여름 "내 새끼 지상주의"로 촉발되어 우리 사회를 강타한 문제에 대한 해결책으로 분분한 의견들이 제시되었습니다. 교육 당국은 교사들이 아이들에게 훈육 및 교육 차원에서 정당하게 가한 제재에 대해서는 문제삼지 않겠다고 합니다. 교권을 강화하고, 아이들에게는 그들의 인권에 상응하는 의무를 부과하겠다는 말도 있습니다. 악성 민원을 제기하는 학부모를 법적 조치하겠다고도 합니다. 이런 것들은 교육제도 시스템상의 해결책들입니다. 이런 조치들이 있어야 함은 물론입니다. 기존의 시스템 만으로는 '내 새끼 지상주의'로 일어날 사건 사고들을 예방할 수 없으니까 말입니다.

그러나 시스템이 개선된다고 "내 새끼 지상주의"가 현저히 약화되지는 않을 것입니다. 악성 민원으로 대표되는 학부모들의 갑질이나 자기 자식만을 위한 교묘한 편법이 없어지지 않을 것입니다. "내 새끼 지상주의"는 아주 고질적인 것입니다. 죽기 아니면 살기식입니다. 그것은 제도를 어떻게 고치든 그 허점을 파고들어 문제를 야기하고 말 것입니다. 제도 자체를 끊임없이 교란시키고 흔들어댈 것이며, 또다시 지지난해 여름에 있었던 것과 같은 사태를 불러올 것입니다.

그러면 어떻게 해야 할까요? 학부모들이 "내 새끼 지상주의"는 다른 집 새끼들뿐만 아니라 내 새끼도 죽인다는 점을, 즉 공멸한다는 점을 자각해야만 합니다. 우리는 지금 겉은 화려하지만 내면은 피폐한 상태입니다. 사회적 성공으로 위세를 부리나 속은 쪼그라들다 못해 검게 타 버린 사람들 많습니다. 성공하면 행복할 것으로 믿고, 성공을 향해 불철주야 달려와 성공했으나 행복하기는커녕 불행한 사람들 부지기수입니다. 사회적으로 낙오한 사람들은 앙심을 품고 행복한 것처럼 보이는 사람들을 질시하며 폭력을 휘두릅니다. 왜 이럴까요. 나만 잘 살면 된다는, 삐뚤어진 개인주의가 만연해 있기 때문입니다. 제대로 된 개인주의는 공익을 존중합니다. 타인과의 협력과 조화를 중히 여깁니다. 경쟁을 피하지 않지만, 너 죽고 나 살기식이 아닌 서로 살기식의 경쟁을 합니다. 그러나 우리는 지금 오직 나만 잘 살면 된다는 개인주의에 매몰되어 있습니다. "내 새끼 지상주의"는 이를 극한으로 몰아가고 있습니다.

"빨리 가려면 혼자 가고, 멀리 가려면 함께 가라"는 말이 있습니다. 자녀들이 갈 길은 멀고 험합니다. 도반들이 함께 가야만 할 길입니다. "내 새끼 지상주의"는 자녀를 고립에 빠뜨립니다. 그것은 당신 자녀를 위태롭게 합니다. 내 새끼가 귀하거든 다른 집 새끼들도 귀함을 알기 바랍니다. 이 자각만이 "내 새끼 지상주의"를 극복할 수 있습니다.

9. 과도한 SNS 사용 방치

한국 아이들의 스마트폰 보유율은 단연 세계 1위입니다. 초·중·고등학생 95% 이상이 스마트폰을 갖고 있습니다. 초등학교 저학년 아이들 중에 갖지 않은 경우가 좀 있는데, 그들도 곧 갖게 될 것입니다. 부모에게 스마트폰 사달라고 조르면, 부모는 '다음에 시험 잘 보면 사주겠다'는 등의 약속을 하고, 결국에는 기꺼이 사줍니다. 유치원생이나 그 이하의 어린 아이도 스마트폰을 갖고 있는 경우가 많습니다.

한국 아이들 스마트폰 사용 시간도 많습니다. 최근 발표에 따르면 10대 청소년은 하루 평균 3시간 정도이고, 10세 이하 아이는 1시간 15분 정도입니다. 더 심각한 문제는 이게 급속도로 늘어나고 있다는 점입니다. 요즈음 아이들 앉으나 서나 스마트폰만을 주시합니다. 또래들이 모여 있어도 대화 한마디 없이 자기 스마트폰만을 응시합니다. 교실에서 '조용히 좀 해'라고 할 필요도 없을 만큼 스마트폰을 응시하느라 조용합니다. 길을 걸으면서 어디로 가는지 모를 정도로, 뭘 먹으면서 무얼 먹는지 모를 정도로 스마트폰에 빠져 정신이 없습니다. 스마트폰 외의 다른 것들과는 단절된 세상에 사는 모양인

듯합니다.

　아이들이 스마트폰을 이용해 보는 것은 주로 폭력적인 게임이나 포르노색이 짙은 웹툰 만화, 자극적인 유튜브 동영상 등입니다. 스마트폰을 열면 명품 등으로 가능한 한 화려하고 현란한 모습으로 꾸미고 등장한 인플루언서들이 경쟁적으로 자랑질을 해댑니다. 그걸 본 아이들은 그들을 닮고 싶어합니다. 모방이라도 하고 싶어합니다. 그러나 이내 초라함을 느끼고 좌절합니다. 불안감과 우울감을 느낍니다. 자해나 자살을 시도합니다. 소아정신과 신의진 교수는 "조현병 환자들이 입원하는 정신과 폐쇄병동이 자해 청소년들로 가득하다," "청소년들의 정신건강이 매우 위태롭다"고 했습니다.

　미국 심리학자 조너선 하이트는 최근에 쓴 『불안세대』에서 1996년 이후에 태어나 가상세계에서 사춘기를 보낸 Z세대를 불안과 우울증, 자해와 자살 비율이 이전 세대보다 월등히 높은 "불안세대"라고 했습니다. 그는 그 이유를 부모들이 현실세계에서는 안전에 대한 강박감으로 자녀들을 과잉보호한 반면 가상의 세계에는 마음대로 드나들도록 방치해뒀기 때문이라고 보았습니다. 주지하듯이 Z세대는 아동기를 놀이터에서 친구들과 뛰어놀거나 동네방네를 휘젓고 다니며 보내지 못했습니다. 대신에 격리된 공간에서 게임기나 인터넷, 스마트폰 등을 만지작거리며 혼자서 가상세계에 푹 빠져 보냈습니다. 신체적·사회적 활동을 거의 안 한 것입니다. 부모들은 그걸 방치했습니다. 하이트는 놀이 중심의 아동기가 스마트폰 중심의 아동기로 이행(移行)하면서 성장 과정에서 필수적인 다양한 신체적·사회적 활동을 경험하지 못한 결과 2010년대에 청소년 정신질환이 급증했다고 주장했습니다.

그런데 이는 아이들이 SNS를 과다 사용함으로써 발생한 폐해의 제1장에 지나지 않습니다. 최근 들어 새로운 장이 펼쳐지고 있습니다. 바로 딥페이크 성범죄입니다. 요즈음 AI기술의 발달로 허위 영상물 제작이 아주 쉽습니다. 예를 들면 얼굴만 있는 사진을 포르노 영상 사진과 합성해 얼굴의 주인공이 포르노 행위를 하고 있는 모습의 가짜 영상을 쉽게 만들어냅니다. 누군가가 SNS에 올라와 있는 여성의 얼굴 사진을 악의적으로 이용해 가짜 포르노 영상을 만들어 SNS에 유포시킨다면 그 얼굴의 주인공 여성에게는 얼마나 끔찍한 일이겠습니까. 그런 행위는 천인공노할 범죄이지 않겠습니까. 그런데 그런 범죄가 지금 우리 사회 도처에서 버젓이 벌어지고 있습니다. 그것도 대부분 10대 아이들이 저지르고 있습니다.

10대 아이들은 SNS 사용에 익숙한 반면 사회적 윤리의식은 약한 편입니다. 그런 상태에서 별 생각 없이 그냥 재미로, 평소에 사이가 안 좋았던 친구를 골려주려고, 변심한 애인에게 보복하기 위해서 등의 이유로 스마트폰을 만지작거려 가짜 영상을 제작해 유포하는 일들이 벌어지고 있는 것입니다. 경악할 일이 아닐 수 없습니다.

　아이들의 SNS 남용으로 인한 문제들 발생은 정도의 차이만 있을 뿐 세계 공통적인 현상입니다. 구미 선진국들은 그 문제에 효과적으로 대처하기 위해 각종 대비책들을 내놓고 있습니다. SNS 기업에 사회적 책임을 물어 불법 유해 콘텐츠 삭제 의무를 부과하거나 아동·청소년의 SNS 계정 개설 연령 제한, 하루 이용 시간 제한, 알고리즘 추천 제한, 부모의 감독 강화 등이 그 대강입니다. 우리나라도 구미 선진국들의 예에 따라 이용 시간 제한 등 여러 규제 법안들을 내놓고 있습니다.

　세련된 법적 규제가 반드시 필요하기는 하지만, 그러나 능사는 아닌 듯합니다. 부모가 그 심각성을 깨닫고, 적절한 조처를 취하는 것이 최선입니다. 아직 스마트폰이 없는 아이에게는 사주는 시기를 최대한 늦추는 것이 좋습니다. 그런데 왜 어린 자녀에게 그걸 냉큼 사줘버릴까요. 가장 큰 이유는 부모의 불안 때문입니다. 아이가 방과 후에 학원에 가야 하는데 딴 데로 새지 않나, 아이가 곤란한 상황에 처하면 어쩌나 하는 등의 불안을 해소하기 위해서 말입니다. 그러나 그것은 득보다 실이 큰 결과를 초래하고 맙니다.

이미 스마트폰을 가진 아이에게는 합의하에 이용 시간을 정하고, 그것을 엄격하게 지키도록 해야 합니다. 부모 쪽에서 '이번에 1등했으니 오늘은 1시간 더 써도 좋다'는 식으로 물러서면 안 됩니다. 약속은 한 번 깨지면 공약(空約)이 되고 맙니다. 만약 아이가 약속을 어기면 그에 상응하는 벌을 줘야 합니다.

이런 모든 것들을 뛰어넘는 최선의 방법은 아이들에게 놀이 중심의 아동기를 돌려주는 것입니다. 놀이터에서, 동네 골목에서 또래들과 몸을 부딪치고 소리지르면서 노는 것 말입니다. 그런 놀이에 몰두한다면 아이들은 스마트폰을 잊게 될 것입니다. 조너선 하이트는 어른들이 아이들에게 스마트폰을 쥐여줌으로써 아이들을 망쳤다고 진단합니다. 그런 아이들을 구할 수 있는 최상이자 유일한 길은 아이들을 가상세계의 아동기에서 현실세계의 아동기로 되돌리는 것이라고 역설하고 있습니다.

　이를 실현하는 것은 매우 어렵겠지만, 그래도 절박한 마음으로 시도해 볼 필요가 있다고 생각합니다.

　자녀 자신의 SNS 남용과는 별개로 부모가 자녀를 임의로 SNS에 과다 노출시키는 경우도 흔합니다. 이런 행위도 자녀에게 득 될 것이 없습니다. 몇년 전에 지인의 딸 결혼식에 간 적이 있습니다. 신부의 성장 모습을 동영상으로 만들어 보여주는 순서가 있더군요. 동영상 앞부분에 신부가 서너 살 어린 시절 발가벗고 물에서 노는 장면이 있었습니다. 글쎄요, 솔직히 나는 좀 거북했습니다. 신랑이나 신부는 어떻게 생각했을까요?

　별로 중요하지 않은 작은 모임에 가입해 단톡방에 초대되었습니다. 구성원들의 관계는 어쩌다 띄엄띄엄 만나는 정도이고, 친밀감도 그리 높지 않은 상태였습니다. 그런데 한 여성이 아들이 중학교에서 고등학교로 올라가는 과정을 담은 사진을 3-4일에 한 번 꼴로 개인 프로필에 올리더군요. 한 달쯤 지난 후 나는 그 아이의 이름이나 다니는 학교 등 기본적인 정보는 물론 그가 받은 상, 신체적인 특성 등까지 대충 알게 되었습니다. 나는 그 엄마가 아들을, 나아가 덤으로 자신까지 좀 드러내 보이려고 아들의 신상을 다 까발렸다고 여겼습니다.

또 다른 단톡방에서 있었던 이야기입니다. 구성원 중 한 여성이 서너 살 쯤으로 보이는 여아의 사진을 계속 올렸는데, 사진으로 볼 때 그 아이는 상당한 정도의 지체 장애인인 것 같았습니다. 그 여성은 왜 그런 사진을 계속 올렸을까요? 분명 자녀를 자랑하기 위해서 그러지는 않았을 것입니다. 그렇다면 왜 그랬을까요? 지체 장애인을 자녀로 둔 엄마의 마음을 이해해 달라는 것이었을까요? 아니면 의도적으로라도 공개하는 게 지체 장애인을 자녀로 둔 자신의 심적 부담이 감소할 것이라 생각하고 마음의 평화를 얻기 위해서 그랬을까요? 그것도 아니라면 장애인 자녀를 둔 것을 일종의 죄라 여기고, 속죄하기 위해서 그랬을까요? 잘 알지 못하겠습니다만, 아무튼 나는 그 행위는 매우 적절하지 않다고 여겼습니다.

자녀의 일상을 소셜미디어에 공개하는 것을 셰어렌팅(sharenting)이라고 합니다. 공유(share)와 양육(parenting)의 합성어입니다. 셰어렌팅에는 긍정적인 요소가 있습니다. 일상을 생생한 영상으로 기록할 수 있어 좋습니다. 같은 입장에 있는 부모들과 정보를 교환하고, 공감대를 형성할 수 있는 점도 좋습니다.

그러나 부모가, 오직 부모라는 자격으로, 자녀를 소셜미디어에 공개하는 것은 엄밀히 말하면 자녀의 자기결정권과 초상권을 침해하는 것입니다. 자녀는 부모의 소유물이 아니므로 마음대로 그렇게 해서는 안 됩니다.

더 나아가 그것은 자녀에게 악영향을 끼칠 수 있습니다. 첫째, 부모는 자녀가 배변하거나 목욕하는 모습을 별 생각 없이 공개하겠지만, 성장한 후에 그것을 본 자녀는 수치심을 느끼고 부모를 원망할 수 있습니다. 둘째, 자녀의 개인 정보를 누출하게 됩니다. 위의 두 번째 예에서 든 것처럼 아들을 드러내려는 엄마의 허영심이 아들에 관한 정보를 천지사방에 퍼뜨립니다. 아들 입장에서 좋을 게 무에 있겠습니까. 더 나아가 그게 심각하게 악용될 수도 있습니다. 영국 금융서비스 기업 바클리즈는 2030년에 막 성인이 된 사람들이 당하는 신분도용의 2/3는 셰어런팅이 악용된 결과일 것으로 예측하고 있습니다. 셋째, 비난이나 혹은 공격의 타겟이 될 수 있습니다. 소셜미디어에 올리는 것들은 대체로 자랑하고 싶은 것, 자랑

할 수 있는 것들입니다. 그것들을 지켜보는 구경꾼들의 마음은 편하지 않을 수도 있습니다. 선망을 넘어 시기심과 질투심으로 부글거릴 수도 있습니다. 그게 어느 날 화살이 되어 당신의 자녀에게 날아들지도 모릅니다.

어떻게 해야 할까요? 하지 않는 것이 최선입니다. 부모가 자녀를 드러내려 할 필요 전혀 없습니다. 자녀가 스스로 자신을 드러낼 수 있도록 기르면 됩니다. 그래도 하고 싶다면요? 우선 자녀의 의견을 들어야 합니다. 자녀가 어릴지라도 최대한 자녀의 의견을 반영해야 합니다. 다음으로 자녀의 신상이 가능한 한 적게 노출되도록 해야 합니다. 아이가 쓴 내밀한 내용의 일기나, 받은 상장 등을 사진으로 찍어 공개하는 게 좋을 게 무에 있겠습니다. 그 다음으로 공개 범위를 최대한 축소해야 합니다. 단톡방에 들어가 잘 알지도 못하는 사람들에게 자녀 자랑해서 뭣하겠습니까. 가족끼리만 공유하는 게 좋을 것을 동네방네 알려서 뭣하겠습니까. 제발 그러지들 마시기 바랍니다.

2부

사람다운 사람이 되게 하세요

사람은 누구나 다 존귀합니다. 그러나 분명히 사람다운 사람이 있는 반면 사람답지 못한 사람도 있습니다. 부모의 가장 중차대한 임무는 자녀가 사람다운 사람이 되게 하는 것입니다.

1. 안정애착을 형성시킨다

20세기 전반기까지만 해도 육아이론의 대강은 상벌주의였습니다. 잘하면 칭찬하거나 상을 주고, 잘못하면 꾸짖거나 매를 때리는 것이었습니다. 상으로 아이가 해야 할 것을 충실히 수행하도록 하고, 벌로 하지 말아야 할 것을 더욱 경계하도록 할 수 있다고 믿었기 때문입니다. 반대로 부모가 아이를 무조건적으로 안아주거나 머리를 쓰다듬어주는 등의 스킨십과 아이의 말을 잘 듣고 긍정해주는 행위는 경계해야 할 걸로 여겼습니다. 그것은 아이를 나태하고, 버릇없고, 약하게 만들 뿐이라고 믿었기 때문이었습니다.

그러나 20세기 중반 경 미국과 유럽에서 육아이론에 관한 혁명적인 변화가 일어났습니다. 그 변화를 선도한 사람은 미국인 해리 할로와 영국인 존 보울비였습니다. 할로는 원숭이 실험을 통해 영양 공급이 잘 되어 무럭무럭 잘 자라는 원숭이일지라도 어미의 사랑을 받지 못하면 다른 원숭이들과 섞였을 경우 당황하고 무기력해진다는 점, 즉 사회성과 문제해결 능력이 떨어진다는 점을 발견했습니다. 그는 이를 사람에게까지 확대 적용시켰습니다.

보울비는 부모와 격리된 상태에 있는 아이들을 연구 대상으로 삼았습니다. 2차 세계대전으로 전쟁고아가 넘쳐나 연구 대상이 많았습니다. 마침 유엔 세계보건기구는 고아들을 잘 양육할 수 있는 길을 알아내고자 그에게 그 임무를 맡겼습니다. 그는 수년 동안 고아원이나 병원 등 관련 기관들을 폭 넓게 찾아다니며 연구해 1951년 보고서를 제출했습니다. 그는 그 보고서에서 아이들에게 영양 공급과 같은 생물학적인 조건은 중요한 반면 부모와의 분리나 사회적 고립과 같은 심리적 요인은 그리 중요하지 않다는 기존의 견해를 강하게 부정했습니다. 반대로 아이들이 건강하게 잘 성장하려면 영양 공급 못지않게 부모의 사랑과 사회적 관심도 필수적이라고 강조했습니다.

이들의 연구를 기반으로 20세기 후반 이후 육아이론의 중심축이 된 애착이론이 나왔습니다. 이 이론을 체계화시킨 사람은 한때 보울비와 공동으로 연구했던 메리 에인스워스였습니다. 그녀는 부모, 특히 아이와 많은 시간을 함께하는 어머니의 양육 방식에 따라 아이는 다음의 세 가지 유형 중 어느 하나에 속한다는 점을 밝혀냈습니다.

첫째, 안정애착 유형입니다. 부모가 아이에게 일상적으로 스킨십을 많이 하고, 말을 잘 들어주는 등 따뜻한 사랑으로 양육한 경우 형성되는 유형입니다. 아이는 부모를 믿을 수 있다고 느끼기 때문에 자신감이 넘치고 대담하게 행동합니다. 아이에게 가정은 '안전기지' 역할을 합니다. 따라서 밖에 나가서 놀 때도 '문제가 생기면 나를 보호해주는 안전기지로 돌아가면 된다'고 믿고 마음 놓고 놉니다. 아이는 건강하고 따뜻한 인격체로 성장할 가능성이 큽니다.

둘째, 회피애착 유형입니다. 부모가 아이를 무관심하고 둔감하게, 즉 스킨십도 거의 없고 말도 잘 들어주지 않는 식으로 양육한 경우 형성되는 유형입니다. 아이는 부모를 믿을 수 없는 존재로 여겨 부모에게 아무런 도움과 위안도 기대하지 않는 방식으로 행동합니다. 가정에 대해 냉랭합니다. 외톨이가 될 가능성이 많고, 매사에 냉소적이기 쉽습니다.

셋째, 불안정애착 유형입니다. 부모가 아이에게 전혀 예측할 수 없을 정도로 변덕스럽게, 즉 같은 일을 두고도 기분에 따라 어떤 때는 칭찬하고 어떤 때를 화를 내는 등의 방식으로 양육하는 경우 형성되는 유형입니다. 아이는 불안해하고 종잡을 수 없는 행동을 하게 됩니다. 가정에 대해 반감을 갖습니다. 성장해서 우유부단하고, 남의 눈치를 많이 보며, 세상을 불신하고, 불안감으로 안절부절못하게 될 가능성이 큽니다.

20세기 후반 발달심리학의 대가 에릭 에릭슨은 이들의 견해를 종합한 듯한 연구 결과를 내놓았습니다. 그는 부모가 아이를 사랑으로 기르면 아이는 자율성과 창의성과 세상에 대한 신뢰감을 갖게 되지만, 사랑을 결여한 양육 방식을 택하면 수치심과 죄의식으로 세상에 대한 불신감을 갖게 된다고 주장했습니다. 딱 맞는 말입니다. 지극한 사랑으로 길러야 아이가 원만한 인격체로 성장합니다.

요즈음 젊은 부모들 중 애착이론이나 에릭슨의 발달단계 이론을 모르는 사람 거의 없습니다. 부모교육의 필요성을 알기에 이것저것 읽고, 여기저기 다니며 그런 지식들을 습득합니다. 그러나 정작 아이들을 대하면 그런 지식들은 멀리 도망쳐 버리고 냉혹한 현실만 보입니다. 사회적·세속적 성공을 최고의 가치로 삼고, 그걸 이루기 위한 경쟁이 보편화되어 있는 현실 말입니다. 부모는 어떻게 해서라도 자녀가 경쟁에서 이겨 성공하게 만들겠다는 일념으로 전진합니다.

부모는 그 첫걸음으로 아이가 서너 살만 되어도 학습시키기에 여념이 없습니다. 한글, 영어, 수학을 가르칩니다. 큰돈을 들여 학습도구들을 사들이고, 집의 벽이나 창을 가나다라

마바사, ABCD 등 글자들로 도배하다시피 합니다. 가르친 글자가 TV에 나왔을 때 아이가 그걸 읽으면 '우리 아가 천재'라며 좋아합니다. 이웃에 자랑하기를 주저하지 않습니다. 이런 게 바람직한 육아일까요? 세태가 그러니 그걸 무작정 나무랄 수만은 없습니다. 그러나 긴 안목으로 보면 당장 그만두는 게 좋습니다.

어떻게 하는 게 참사랑 육아일까요? 유아기에는 가능한 한 아이와 스킨십을 많이 해 부모의 체취를 느끼게 해주고, 눈을 마주하며 웃어주고, 두 손으로 번쩍 들어 올려주고, 무등 태워주고, 손발을 조몰락거려주고, 옹알이 하면 함박웃음 지으며 손뼉을 쳐주고, 일어서서 아장거리면 경이로운 눈길로 바라보아주고, 말을 하면 사랑스런 눈길을 주며 세심하게 잘 들어주는 것이 최고입니다. 그러면 아이는 사랑과 감동을 느끼게 됩니다. 안정애착이 형성됩니다.

안정애착이 형성되면 일단은 아이 기르기에 성공한 것입니다. 그 후로는 탄탄대로입니다.

2. 의사결정에 참여시킨다

자녀를 기르는 데 있어 요구되는 "3p원칙"이라는 것이 있습니다. 부모는 자녀들에게 의식주 등 필요한 것들을 제공하고(provide), 질병이나 위험으로부터 보호하고(protect), 자녀 자신에 관한 의사결정에 자녀를 직접 참여(participate)시켜야 한다는 것입니다. 요즈음 부모들은 대개 자녀의 장래에 해가 될 정도로 과잉공급과 과잉보호하고 있음을, 따라서 공급과 보호를 줄여야 함을 앞에서 언급한 바 있습니다.

그러나 자녀에 관한 일을 결정함에 있어서는 정작 본인을 참여시키는 경우가 거의 없습니다. 말도 안 되는 것 같지만, 우리의 현실에서는 그게 당연시되고 있습니다. 그럴듯한 논리를 내세우면서 말입니다. 아이들은 아무것도 모르고, 놀기만 좋아하니 말을 들어볼 필요도 없다고 합니다. 아이들 말대로 했다가는 아이들 신세 망치기에 딱 좋다고 봅니다. 부모, 특히 엄마는 세상 돌아가는 정보에 정통하고 있으니 아이들은 무조건 부모의 의견을 따라야 한다고 합니다. 부모는 오직 자녀의 장래를 위하는 일념만 가지고 있으니 부모 결정의 순수성을 의심해서는 안 된다고 합니다. 결론은 '다 너를 위한 것이니 하라는 대로 해'라는 한마디로 요약됩니다.

  이 논리에 따라 우리 사회에서는 아이들에 대한 엄청난 폭압이 발생하고 있습니다. 학원에 가야 할지 말아야 할지를, 무엇을 배워야 할지를 오직 부모가 결정합니다. 아이들은 학원에 가기 싫어도 부모가 가라니 갑니다. 초등학생이 부모의 강요에 못 이겨 방과 후에 영·수학원, 피아노학원, 태권도학원 등에 다니는 것이 보통입니다. 부모의 의지에 따라 하고 싶지 않은 것을 노예처럼 수행하는 것입니다. 중학생이, 고등학생이 되어도 역시 마찬가지입니다.

  이러한 과정을 거치면서 아이들은 각자가 가진 본래의 색깔을 잃어버립니다. 그 자리에 이상한 특성들이 생겨납니다. 부모들 앞에서는 고분고분한 것 같지만, 돌아서서는 부모를 원망하고 삶을 비관합니다. 무기력하고 소심해집니다. 속이 텅 빈 사람, 성인이 되어서도 의사결정을 못해 사소한 일에도 어찌해야 할지 쩔쩔매는 사람이 됩니다. 결혼해 부부 간에 생긴 문제를 부모에게 싸들고 가 해결해 달라고 호소합니다. 타인들에 대해서는 적대적이고, 세상을 백안시합니다. 못난이, 찌질이가 되는 것입니다.

  물론 부모가 어린 자녀들의 의견을 다 들어줄 수는, 자녀들이 하자는 대로 할 수는 없습니다. 그러나 일단은 의견을 잘 들어 보아야 합니다. 그리고 자녀가 커감에 따라 자녀의 의사를 점차적으로 중시해야 합니다. 자녀가 20세 쯤 되면, 그때부터는 자녀의 의사에 전적으로 맡겨야 합니다.

초등학교에 다니는 아이에게 무조건 부모의 의견을 강요해서는 안 됩니다. 학원에 가기 싫은 것을 억지로 보내서는 안 되고, 그림 공부하고 싶은데 그걸 그만 두고 수학 공부를 시켜서는 안 됩니다. 중학교에 다니는 아이가 운동선수가 되기를 원하는데, 그걸 포기시키고 대신 법률가가 되라고 해서는 안 됩니다. 고등학교에 다니는 아이가 A대학에 가고자 하는데, B대학에 가라고 강요해서는 안 됩니다. 대학에 다니는 아이가 사귀는 여자(혹은 남자)친구가 맘에 안 든다고 사귀지 말라고 강요해서는 안 됩니다. 한두 번 조언은 할 수 있겠지만, 강요해서는 안 됩니다. 자녀의 의견을 존중해줘야 자녀가 원만한 인격체로 성장할 수 있습니다.

3. 정직하도록 한다

정직은 남에게 거짓말을 하지 않는 것입니다. 남을 속이지 않는 것입니다. 부정한 이득을 취하지 않는 것입니다. 부정한 타협을 하지 않는 것입니다. 새치기를 하지 않는 것입니다. 내로남불식 언행을 하지 않는 것입니다. 법과 질서를 준수하는 것입니다. 이는 개개인의 안녕과 사회의 발전을 위해 누구나 가져야 할 필수적인 덕목입니다.

유대인 부모는 자녀들을 정직이 몸에 배도록 가르치는 것으로 유명합니다. 그들은 자신들의 역사를 신과의 언약이 실현되어가는 과정으로 여깁니다. 신과의 언약은 신성하기에 절대로 어겨서는 안 된다고 믿습니다. 그들은 사람들과의 언약과 규범 또한 그러하다고 믿고 양심에 따라 정직하게 신의를 지키며 살아야 한다고 여깁니다. 그들은 죽어서 신 앞에 섰을 때 '정직하게 살았느냐'는 신의 질문에 답해야 한다고 믿습니다. 그러한 믿음은 정직을 가벼이 여기는 사람들에게 엄청난 두려움일 것입니다.

유대인들의 유서 깊은 교육서 『탈무드』에 이런 이야기가 있습니다.

나무를 해서 팔아 생계를 유지하는 랍비가 있었습니다. 그는 나무를 나를 때 이용하려고 나귀 한 마리를 샀습니다. 그 나귀를 냇가로 데려가 씻기는데 목줄에서 다이아몬드 한 알이 떨어져 나왔습니다. 그 사실을 알게 된 그의 제자들은 스승이 가난을 벗어나 자신들을 가르칠 시간이 많아졌다며 좋아했습니다. 그러나 그 랍비는 상인에게 그 보석을 돌려주며 '나는 나귀를 샀지 다이아몬드를 사지 않았습니다. 자기가 사지 않은 물건을 갖는 것은 유대의 전통이 아닙니다'라고 했습니다.

유대인들이 정직의 중요성을 교육하는 데 이용하는 에피소드들이 많습니다. 이런 교육 덕택에 유대인들은 어려서부터 정직이 몸에 배어 있습니다. 거짓말은 물론이거니와 명예에 흠이 갈 언행을 하지 않습니다. 어떤 거래를 하던 약속과 신용을 중시합니다. 그들은 그게 돈을 모으는 최선의 방법이자 지름길이라고 믿습니다. 그런 믿음으로 사업해 세계적인 부자가 된 사람들이 즐비합니다.

물론 예외적인 경우도 있습니다. 2008년 말 미국, 아니 세계적인 빅뉴스 중의 하나는 버나드 메이도프가 500억 달러에 달하는 전무후무할 거액의 다단계 금융사기를 쳤다는 것이었습니다. 그는 유대인으로 나스닥증권거래소 이사장을 지낸 거물이었습니다. 그런 그에게 스티븐 스필버그나 엘리 위젤 같은 유명한 유대인들이 큰 사기를 당했습니다. 그 사기 사건으로 유대인 사회, 특히 미국 유대인 사회는 몹시 술렁거렸습니다. 당연시되었던 유대인의 정직성이 의심 받기마저 했습니다. 그러나 그 사건은 한 예외적인 사건일 뿐입니다. 예나 지금이나 유대인은 유명인에서 필부에 이르기까지 어느 누구보다도 정직을 중요한 덕목으로 여기며 살아가고 있습니다.

한 가지 덧붙일 점은 유대인이 모든 면에서 고지식하게 정직한 것은 아니라는 점입니다. 그들에게는 정직하지 않는 것을 오히려 미덕으로 여기는 경우가 두 가지 있습니다. 한 가지는 누군가가 어떤 물건을 이미 샀을 때 그가 그 물건에 대해 '좋으냐'고 제3자에게 물으면 그 제3자는 안 좋게 생각해도 '좋다'고 하는 것입니다. 다른 한 가지는 이미 결혼한 여자에 대해 그녀의 남편이나 혹은 다른 누군가가 제3자에게 그 여자가 '예쁘냐'고 물으면 예쁘지 않다고 생각해도 '예쁘다'고 하는 것입니다. 이 정도의 부정직은 봐줄 만한, 삶의 애교에 속하는 수준 아닐까요. 아무튼 유대인들은 정직을 생명처럼 존중하며 살아가고 있습니다. 그것은 그들의 성공과 행복에 결정적인 요인으로 작용하고 있습니다.

  우리 한국인들은 정직에 대해 유대인의 절반 만큼의 가치도 부여하지 않습니다. 우리는 정직하면 오히려 바보 멍청이로 손해만 볼 것으로 여깁니다. 가능하면 자신을 그럴듯하게 위장해 남을 속여 우선 이익을 보면 그만이라는 의식과 행위가 팽배합니다. 어른들이 그런 식으로 생각하고 행위하니, 아이들은 그걸 본보기로 삼습니다. 자녀들에게 말로라도 정직해야 한다거나 정직하라고 하지 않습니다. 오히려 수단과 방법을 가리지 말고 남과의 경쟁에서 이기라고 부추깁니다.

  얼마 전에 한국의 사기 범죄율이 일본의 30배가 넘는다는 기사를 본 적이 있습니다. 정직에 관한 우리 한국인들의 인식과 행위의 적나라한 실상을 보는 것 같아 매우 참담했습니다. 부정직한 수단으로도 이익을 취하거나 경쟁에서 이길 수도 있습니다. 그러나 그것은 단지 일시적인 것일 뿐이며, 행복을 가져다주지도 않습니다. 쓰디쓴 뒷맛을 남길 뿐입니다. 부모들은 정직의 가치를 직시하고, 자녀들에게 정직하도록 솔선수범해야만 합니다.

4. 겸손하도록 한다

겸손은 자신의 부족함을 알아 자신을 낮추고, 타인을 존중하는 마음과 자세입니다. 때문에 겸손한 사람은 으스대거나 잘난 척하지 않습니다. 남을 무시하지 않습니다. 이견을 가진 사람과 다투지 않고 '그럴 수도 있겠구나'라고 생각하며 한 발 물러섭니다. 세상과도 다투지 않습니다. 쓸데없는 일로 자신의 시간과 에너지를 낭비하지 않습니다. 세상이 아무리 폭풍 같아도 고요히 중심을 잡고 자신의 일에 집중합니다. 그럼으로써 타인과 세상을 이롭게 합니다. 그에게는 적이 없습니다.

노자(老子)의 『도덕경(道德經)』에 "상선약수(上善若水)"라는 말이 있습니다. 가장 좋은 것은 물과 같다는 뜻입니다. 물은 만물을 생육케 합니다. 물은 더러운 것을 씻어냅니다. 물은 반드시 위에서 낮은 곳으로 흐릅니다. 물은 다투지 않습니다. 흐르다 저항체가 있으면 그것과 다투지 않고 비켜갑니다. 물은 흘러내려 결국에는 낮은 곳에서 수평을 이룹니다. 이처럼 물은 아름답고 선합니다. 물과 같은 사람이 있을까요? 있습니다. 극히 겸손한 사람입니다. 겸손한 사람은 불평

불만 없이 낮은 곳에 임하며, 세상을 이롭게 합니다.

겸손과 반대되는 말은 교만입니다. 교만한 사람은 잘난 척으스대고, 남을 깔보며, 뻔뻔하게 굽니다. 매사에 자신을 중심에 두고 생각하고 행동합니다. 때문에 주변 사람들과, 더 나아가 세상과 자주 다툽니다. 그러다 보니 시간과 에너지를 많이 쓰지만, 되는 일은 별로 없습니다. 그에게는 적이 많습니다.

세상에서 가장 겸손했던 사람 하나를 꼽자면 소크라테스일 것입니다. 그는 매우 현명한 사람이었습니다. 그런 내용의 신탁(神託)을 받았고, 세상이 인정하는 바였습니다. 그러나 그는 그런 평을 냉큼 받아들여 오만을 떠는 대신 자신에 대한 성찰에 들어갔습니다. 그 성찰을 통해 자기는 무지하다는 점을, 자신이 아는 것은 오직 자신이 무지하다(無知之知)는 것뿐임을 깨닫게 되었습니다. 그랬기에 그는 기꺼이 낮은 곳에 임했으며, 세상을 이롭게 하기 위해 진력하다 죽었습니다.

예수도 그 누구 못지않게 겸손했고, 겸손의 효용성에 대한 통찰마저 깊었습니다. 「누가복음」의 한 대목을 편의상 내 스타일로 고쳐 소개합니다.

예수께서 손님들이 저마다 윗자리를 차지하는 것을 보시고 그들에게 비유를 들어 말씀하셨다. '누가 혼인잔치에 초대하거든 윗자리에 가서 앉지 마라. 혹시 너보다 더 높은 사람이 초대를 받았을 경우 너와 그 사람을 초대한 주인이 와서 네게 이분에게 자리를 내어드리게라고 할지도 모른다. 그렇게 되면 무안하게도 맨 끝자리에 내려앉아야 할 것이다. 너는 초대를 받거든 오히려 맨 끝자리에 가서 앉아라. 그러면 너를 초대한 사람이 와서 여보게, 저 윗자리로 올라앉게 라고 말할 것이다. 그러면 다른 모든 손님들의 눈에 당신은 영예롭게 보일 것이다. 누구든 자기를 높이는 사람은 낮아지고 자기를 낮추는 사람은 높아질 것이다.'

겸손의 효용성을 이보다 더 잘 표현한 말은 아마도 없을 것으로 생각됩니다. 들을수록, 생각할수록 명언입니다.

우리 한국 사람들은 겸손을 얼마나 중시할까요? 우리 중에 겸손한 사람들 별로 없습니다. 예수를 믿는다는 사람들조차도 겸손하지 않은 경우가 대부분입니다. 서로 잘났다고 아우성치고, 내가 너보다 낫다는 식으로 으스댑니다. 조그마한 것이라도 자랑거리가 생기면 당장 SNS나 펼침막 등을 통해 그것을 선전하기에 바쁩니다. 괜찮은 직을 놓고 다투는 경쟁에서는 자신은 잘났고, 상대는 못났다고 사활을 걸고 싸웁니다. 아이들에게 겸손하라고 가르치지도 못합니다. 본인들이 겸손을 모르는데 어찌 아이들에게 그걸 가르칠 수 있겠습니까. 그런 어른들을 보고 자란 아이들은 당연히 겸손의 중요성을 모릅니다. 오히려 어른들보다도 더 교만 방자한 편입니다. 아이들 노는 것을 가만히 살펴보면 서로 잘났다고 우기다 싸움으로 끝나는 경우가 많습니다.

　지금의 우리 사회에서는 거짓과 부정, 위선과 교만이 유난히 잘 통합니다. 그런 것들을 수단으로 삼아 명예와 지위와 부를 얻어 호의호식합니다. 그러나 이런 호의호식은 행복을 주지 못합니다. 단명한 쾌락을 줄 뿐입니다. 겉은 화려하지만 살맛은 별로 나지 않는 지금의 우리 사회가 그 점을 입증합니다. 지금의 우리 사회는 사람이 제대로 살 수 있는 세상이 아닙니다. "만인에 대한 만인의 투쟁" 상태를 방불케 합니다. 전통사회에서는, 전에는 그러지 않았습니다. 하루 빨리 겸손의 미덕을 회복해야 합니다. 자녀들에게 그것을 가르쳐야 합니다. 그래야 우리의 자녀들이 비로소 사람다운 사람이 될 수 있습니다.

5. 염치를 알게 한다

　염치는 자신의 잘못을 알게 되어 일어나는 창피한, 부끄러운 마음입니다. 선인들은 염치를 알아야 함의 중요성을 누누이 강조해왔습니다. 맹자(孟子)는 "염치를 알아야 제대로 된 사람"이라고 했습니다. 주자(朱子)는 "부끄러운 마음이 있으면 성인의 위치에 오를 수 있으나, 그게 없으면 짐승에 불과하다"고 했습니다. 정약용은 "착한 일을 하지 않고도 부끄러움을 느끼지 못하면 짐승이 되고 만다"고 했습니다. 이들 모두 잘못했음에 대해 염치를 알아야 사람다운 사람이 되는 반면 그렇지 않으면 짐승으로 전락할 수 있음을 가르치고 있습니다. 잘못을 저지르고도 얼굴이 두꺼워 부끄러워할 줄 모르거나(厚顔無恥), 얼굴에 철판을 깐 듯 부끄러워하는 기색조차 안 보이는(鐵面皮) 사람이 되어서는 안 된다는 것입니다.

　자신의 잘못을 스스로 알아차릴 수도 있고, 남이 지적해서 알 수도 있습니다. 잘못을 알게 되어 부끄러운 마음이 일면 '내가 왜 그런 잘못을 저질렀나'하는 후회의 마음이 생겨납니다. '앞으로는 그런 어리석음을 범하지 않아야겠다'는 다짐이 생깁니다. 그 다짐이 점점 굳어져, 결국에는 같은 유의 잘못을 범하지 않게 됩니다. 딴 사람, 새 사람, 더 나아진 사람이 됩니다. 그의 삶의 질이 점차 향상되어 갑니다. 그에 대한 주변의 시선은 따뜻하고 우호적으로 변해갑니다. 염치를 알아 변화되어 가는 과정입니다.

 염치를 모르는 사람은 반대의 길을 갑니다. 잘못을 저질러 놓고도 그 잘못을 모릅니다. 스스로도 알아채지 못하고, 남이 어렵사리 지적하면 '내겐 잘못이 없다'고 항변합니다. 반성이 없으니 마음의 고통을 느끼지 못합니다. 따라서 생각과 행위에 변화가 없습니다. 잘못을 계속 반복합니다. 나아짐이 없습니다. 주변의 시선은 냉혹하고 따갑습니다. 삶이 질이 점차 나빠집니다. 짐승과 같은 삶을 살게 됩니다.

 인간은 누구나 잘못을 저지릅니다. 성인(聖人)들도 예외가 아닙니다. 하물며 보통 사람들이야 말해 무엇하겠습니까. 중요한 것은 잘못을 저지르지 않는 것이 아니라 저지른 잘못에 대해 염치를 알아 발전의 기회로 삼는 것입니다. 우리는 이 점에서 아주 바람직하지 못한 모습을 보이고 있습니다. 너나 나나 숱한 잘못을 저지르고도 그걸 모릅니다. 그러니 부끄러움도 모릅니다. 대통령이 나라를 쑥대밭으로 만들어 놓고도 부끄러움을 모른 채 자신의 안위만을 걱정합니다. 같은 잘못에 대해 내가 하면 괜찮고, 남이 하면 용서할 수 없다고 핏대를 올립니다. 우리 편이 하면 옳고 다른 편이 하면 잘못이라고 우깁니다. 내 자식이 하면 잘한 일이고, 남의 자식이 하면 불량한 짓이라고 합니다. 처한 위치나 상황이 바뀌면 말을 바꾸는 것 또한 다반사입니다. 야당이었을 때는 '그건 절대로 안 된다'고 반대하다 여당이 되면 언제 그랬느냐는 식으로 '그건 절대로 괜찮다'고 외칩니다. 나라를 쥐락펴락하는 힘센 사람들로부터 아이들에 이르기까지 다를 바가 별로 없습니다. 염치 없는 사람들이 판치고 염치 있는 사람은 가뭄에 콩 나듯 드문 우리 사회, 이 무슨 아사리판이란 말입니까.

염치를 아는 사람과 모르는 사람의 모습을 잘 보여주는 실례 하나를 이야기하겠습니다. 우리 사회의 유명인들이 얽힌 이야기입니다. 2019년 9월 조국이 법무장관에 임명됨으로써 이 땅에 거대한 회오리가 상당 기간 계속되었음을 누구나 잘 알고 있을 것입니다. 조국 임명 지지파와 반대파가 전쟁을 방불케 하는 대립을 보였습니다. 소설가 공지영은 조국을 유능하고 정의로운 사람, 마땅히 한국을 이끌어 가는 위치에 있어야 할 사람으로 보고 SNS를 통해 열렬한 지지를 보내고,

반대파를 공격했습니다. 정의당 당원이었던 진중권은 조국 임명에 반대해 조국 임명을 지지한 정의당을 탈당했습니다. 공지영은 그런 진중권을 '진보의 탈을 쓴 사기꾼'이라는 식으로 격렬하게 비난했습니다.

그로부터 4년여가 지난 2023년 하반기. 그간 미증유의 팬데믹 대재앙을 겪었고, 정권이 바뀐 뒤였습니다. 조국은 자녀들을 편법으로 의전원과 로스쿨에 입학시킨 내로남불의 전형으로, 대중에게는 보통 사람으로 행복하게 살아가라고 하면서도 자신의 자녀들에게는 금수저를 물려주려 한 위선자로 매도되었습니다. 법원은 그에게 실형을 선고했습니다. 그러나 그는 '내가 뭘 잘못했느냐, 권력의 희생양일 뿐'이라는 식의 자기옹호에 진력했습니다. 수많은 사람들이 잘못을 지적해도 오불관언이었습니다. 염치라고는 손톱만큼도 모르는 사람이었던 것이지요.

공지영은 그간 지리산 자락에 묻혀 성찰의 시간을 보냈던 것 같습니다. 그간에 쓴 『너는 다시 외로워질 것이다』에서 성숙해진 모습을 보였습니다. 조국에 대해 "소셜 미디어(SNS)를 통해 열렬하게 옹호했던 한 사람이 내가 이전까지 생각했던 그 사람이 아니라는 것을 깨닫게 되었다", "그런 사람일

거라고는 정말 꿈에도 상상하지 못했다", "욕을 먹으면서도 그를 감쌌던 건 당시로서는 나름의 애국이고 희생이었는데, 내가 아무것도 모르고 떠들었구나 싶었다", "과오가 드러났을 때 그가 '미안하다', '잘못했다'고 한 마디만 했어도 이렇게까지 실망하지는 않았을 것"이라고 썼습니다. 진중권에 대해서는 "미안해 죽겠다"고 썼습니다. 공지영은 조국을 둘러싼 회오리 속에서 범한 잘못을 알았기에 부끄러운 마음을 가졌고, 그 고통을 성찰로 삼아 성숙한 것입니다. 진중권은 그녀에게 "사과까지 할 일은 아니"었다면서, 아무튼 "이제라도 '공지영'으로 되돌아왔으면 그것만으로도 반가운 일"이라고 화답했습니다.

조국의 삶과 공지영의 삶의 차이, 염치를 아는 사람과 모르는 사람의 삶의 차이입니다. 염치를 모르는 사람도 사람이긴 하지만, 그러나 사람 같지 않은 사람입니다. 염치를 아는 사람의 삶은 아름답고 감동적입니다. 이 살벌한 세상에 성장하는 모습을 보여 한 가닥 기쁨을 준 공지영에게 감사드립니다. 한때 자신에게 적대적이었던 공지영의 성장을 반갑게 받아준 진중권의 쿨한 마음도 참 좋습니다.

염치를 아느냐 모르느냐에 초점을 맞춰 유명인 세 사람을 평가했습니다만, 이는 오직 내 평가일 뿐입니다. 그들에 대해 누구라도 나와 다르게 평가할 수 있으며, 실제로 그런 모습들이 확인되고 있습니다. 염치를 모른다는 점에서 조국은 그때나 지금이나 그대로인 것 같은데, 지금도 그를 열렬히 지지하는 사람들이 많습니다. 그는 정당 지도자가 되어 국회에 입성하기까지 했습니다. 물론 지금은 감옥에 있습니다만. 그를 지지하는 사람들은 지금도 공지영을 용서할 수 없는 배신자로, 진중권을 여전히 싸가지 없는 가짜 진보로 볼 것입니다.

   자신의 삶에 대한 남의 평가는 그리 중요하지 않습니다. 따라서 남들이 어떻게 평가하든 크게 개의할 필요 없습니다. 양심의 명령에 따라, 합리적 판단에 따라 잘못한 일에 대해서는 부끄러워할 줄 아는 사람다운 사람이 되면 됩니다.

   인성은 하루아침에 길러지지 않습니다. 염치를 모르던 아이가 커서 갑자기 염치를 아는 사람이 되기는 쉽지 않습니다. 어릴 때부터 자기가 한 일에 대해 판단할 줄 알고, 잘못에 대해서는 부끄러워할 줄 아는 습관을 길러야 합니다. 그러면 자신의 삶의 질이 향상됨은 물론 타인에게 선한 영향을 끼치게 될 것입니다. 부모의 도움이 절대적으로 필요합니다.

6. 친절하도록 한다

사람은 사회적 동물입니다. 협력을 통해 남을 이롭게 하고, 남으로부터 도움을 받아야 합니다. 그렇지 않으면 생존하기 어렵거나, 생존해도 인간다운 삶을 살지 못합니다. 어떻게 하는 게 남을 이롭게 하고, 그 보답으로 내가 도움을 받을 수 있을까요.

그 가장 기본은 남에게 친절한 것입니다. 친절은 어떤 이득을 바라지 않고 남을 인간적으로 대하는 것입니다. 아는 사람이든 모르는 사람이든 남에게 무조건 친절한 것이 자신의 생존력을 높이고 사회, 더 나아가 세상을 이롭게 합니다. 아첨이나 거짓 칭찬, 혹은 대가를 바라고 하는 언행은 친절이 아닙니다. 그것은 이기심의 소산일 뿐입니다. 그것은 서로를 이롭게 하기는커녕 오히려 서로를 해칩니다.

동서고금의 현자들은 친절을 베풀라고 누누이 강조했습니다. 공자 철학의 요체는 인(仁)인데, 이는 한마디로 사람들에게 친절하라는 것입니다. 그는 "자기가 하기 싫은 일은 남에게 시키지 말라(己所不欲 勿施於人)"고 했습니다. 자기가 하기 싫은 일은 물론 타인도 하기 싫어하기 마련이니 시키지 말라는 것입니다. 남이 하기 싫어할 일을 남에게 시키는 것은 분명 친절이 아닙니다. 남이 하고 싶어하면서도 유익한 일, 그것을 하도록 돕는 것이 친절입니다. 그런 친절을 베풀면 본인에게도 좋습니다.

예수는 대인관계에 있어서의 황금률을 선포했습니다. 즉 "대접 받고자 하거든 먼저 남을 대접하라"고 했습니다. 이는 일대일의 주고받기식의 인간관계를 말하는 것이 아닙니다. 내가 남을 인간적으로 대하면 상대도 내게 그렇게 하기 마련이라는 인간의 보편적인 성향을 말하는 것입니다. 예수는 무조건적인 친절, 조건 없는 사랑을 강조했습니다. 복음서는 그 가르침으로 가득 차 있습니다. 그가 진정한 이웃은 누구인가라는 물음에 대해 예로 든 "착한 사마리아인"은 그 대표적인 것 중의 하나입니다. 그는 그런 친절을 베푸는 사람들, 이웃들로 가득 찬 세상을 아마도 천국으로 보았을 것입니다.

부처도 역시 친절을 누누히 강조했습니다. 다음은 『잡보장경』에 들어 있는 부처와 어느 가난한 사람과의 대화입니다.

가난한 사람이 부처에게 물었습니다.
'나는 왜 성공하지 못합니까?'

'베푸는 법을 배우지 못했기 때문이다.'
가난한 사람이 다시 물었습니다.
'제게는 아무것도 없는데 어떻게 베풀라는 말씀이십니까?'
그러자 부처가 웃으며 말했다.
'아무것도 없어도 베풀 수 있는 것이 많다. 첫째는 화안시(和顔施)로 웃는 얼굴을 보이는 것이다. 둘째는 언시(言施)로 칭찬하고 격려하는 말을 많이 하는 것이다. 셋째는 심시(心施)로 마음의 문을 열고 남을 진실하게 대하는 것이다. 넷째는 안시(眼施)로 선의가 어린 눈빛을 보내는 것이다. 다섯째는 신시(身施)로 남을 돕는 행동을 하는 것이다. 마지막은 방시(房施)로 다른 사람을 포용하는 마음을 품는 것이다.'

부처는 재물이 있을 경우 그것을 없는 사람들에게 베풀어(재시財施, 혹은 물시物施) 친절을 실천하라고 했습니다. 지식이나 지혜, 혹은 깨달음 같은 것이 있으면 그것이 없는 사람들에게 그것을 베풀어(법시法施) 친절을 실천하라고 했습니다. 재물도, 이렇다 할 지혜도 없는 사람들에게는 몸과 마음으로 베풀어(무외시無畏施) 친절을 실천하라고 했습니다. 위의 대화는 바로 돈이나 지혜가 없어도 마음만 먹으면 몸과 마음으로 얼마든지 남에게 친절을 베풀 수 있다는 가르침입니다.

성현들의 말을 빌어 친절을 말하자니 좀 어렵게 들렸을지도 모르겠으나 사실은 아주 간명한 것입니다. 내가 말을 곱게 하면 상대방도 기분이 좋아 곱게 말합니다. 보고 미소를 보여주면 상대방도 기분이 좋아져 그렇게 합니다. 무거운 짐을 들고 가는 사람의 짐을 조금이라도 덜어주면 상대방은 기뻐서 고맙다고 합니다. 지하철에서 남의 발을 밟았을 때 미안하다고 하면 상대도 기분이 좋아져 흔쾌히 그 일을 양해해 줍니다. 이런 사소한 일들이 바로 친절을 실천하는 것입니다. 일상에서 누구나 이러한 친절을 얼마든지 베풀 수 있으며, 그러면 서로에게 이롭습니다.

그러나 우리는 별로 친절하지 않으며, 친절을 제대로 수용할 줄도 모릅니다. 외국인이 이구동성으로 말하는 한국인의 표정은 '무섭다', '화가 난 것 같다'는 것입니다. 남에게 무섭거나 화난 얼굴을 보인다면 친절하지 못한 것입니다. 모르는 사람이 미소를 짓는 등의 친절을 베풀면 '저 사람이 왜 저러지, 혹시 뭔가 속셈이 있는 것 아냐' 하고 의심합니다. 우리는 남에게 고맙다거나 미안하다는 말도 잘 안 합니다. 지독하게 안 합니다. 우리의 친절 현주소입니다.

자녀가 친절을 생활화하면 책을 한 수레 읽은 것보다 더 가치 있을 것입니다. 삶의 유용한 무기를 갖는 셈이 됩니다. 친절은 습관화시키기도 다른 정서적 습관들에 비해 쉬운 편입니다. 자녀들이 친절을 생활화하도록 하게 하기 바랍니다.

7. 남에게 피해를 끼치지 않게 한다

 IMF 구제금융 사태 직후이니 상당히 오래전의 일입니다. 어느 일본인이 한국인의 안 좋은 국민성을 지적하는 책을 냈습니다. 타국인의 안 좋은 국민성을 지적하는 일은 어찌 보면 무모하고 위험한 일입니다. 하물며 일본인이 한국인의 국민성이 어쩌고저쩌고 하는 것이야 더 말해 무엇하겠습니까. 그 일본인도 이 점을 의식했음이 분명합니다. 책 제목을 어마무시하게도 『맞아죽을 각오를 하고 쓴 한국, 한국인 비판』으로 했으니 말입니다. 그 책의 한 대목입니다.

> 평소에 위층에서 하도 쿵쾅거리는 소리가 심해 불만이 많았는데, 우연히 엘리베이터에서 중고생으로 보이는 학생 둘이서 11층 버튼을 누르는 걸 목격했다. 혹시나 하고 몇 층에 사느냐고 물어보았더니 마침 바로 우리 윗집 아이들이었다. 나는 집 안에서는 조용히 걸어다녀야 아래층 사람에게 피해를 주지 않는다며 그 아이들을 꾸짖었다. 그리고 나서 집으로 들어왔는데 조금 있으니 인터폰이 울렸다. 위층 아주머니였다. 나는 처음에 그 아주머니가 우리 아이들이 시끄럽게 굴어서 미안하다고 사과하려는 줄 알았다. 그런데 그게 아니었다. 오히려 우리 아

이들이 언제 뛰어다녔다고 그러냐며 따지는 것이었다.

별로 놀랄 일도 아닙니다. 우리 사회에서는 다반사로 경험하는 일이니 말입니다.

사람은 사회를 등지고는 살 수 없습니다. 사회 속에서 원만하게 잘 살기 위해서는 남들과 잘 어울릴 수 있는 사회성이 있어야 합니다. 동서양의 현자들 중에 세상과 단절한 삶을 이상적으로 여긴 사람들도 가끔 있기는 했었습니다. 그렇다고 그들이 인간은 사회적 동물임을 부정한 것은 아니었습니다. 그런 주장은 개개의 인간이 사회화되어, 사회와 조화롭게 살아가는 것은 쉽지 않다는 점을 역설적으로 표현한 것에 지나지 않습니다.

타인과 조화롭게 어울려 사는 것은 어려운 일이기에 간혹 "타인은 지옥"이라고 말하는 사람들이 있습니다. 사회성이 많이 부족해 큰 곤란을 자주 겪는 사람들이 쓸 법한 말입니다. 실제로 그들에게 타인은, 더 나아가 사회는 지옥이기 마련입니다. 잘 이해할 수도, 이해를 바랄 수도 없는 사람들과 공존해야 하니까 말입니다. 그러나 역으로 그런 사람들과 함께 살아야 하는 타인도 역시 괴롭습니다. 따라서 우리 각자가 사회성을 갖추는 것은 나를 위해서 뿐만 아니라 우리 모두를 위해 필요합니다.

　사회성 중 가장 중요한 것은 타인에게, 사회에 해를 끼치지 않는 것입니다. 그러기 위해서는 공중도덕과 질서, 사회적 윤리와 규범을 잘 지켜야 합니다. 공공장소에서 큰 소리로 떠들거나 뛰어다니면 안 됩니다. 차례를 지켜야 할 곳에서 새치기를 하면 안 됩니다. 교통질서를 잘 지켜야 합니다. 자신의 조그마한 이익을 위해 공적인 이익을 해쳐서는 안 됩니다. 다른 사람을 괴롭혀서는 안 됩니다. 그런데 한국인들은 일상적으로 공중도덕과 질서에 무감각해 타인에게 해를 끼칩니다. 앞서 말한 일본인이 지적한 것은 바로 이 점이었습니다.

　요즈음 부모들은 하나 둘뿐인 아이들의 기를 살린다는 이유로 아이들이 못되게 굴어도 방임하는 경우가 많습니다. 커피집이나 음식점 등에서 떠들고, 뛰어다니고, 물건을 집어던져도 내버려둡니다. 친구를 연필로 찌르거나, 때려도 혼내지 않습니다. 누군가가 그걸 지적하면 오히려 '왜 아이 기를 죽이느냐'고 화를 냅니다. 부모의 그런 방임 행위는 자녀의 미래를 망치는 직무유기입니다. 이는 일부 카페 등에 노키즈존이라는 게 생겨나게 된 충분한 이유가 됩니다. 그것은 아이들을 제재하기 위한 조치라기보다는 어른들, 부모들의 직무유기에 대한 응징입니다. 조던 B. 피터슨은 몇 년 전 세계적 베스트셀러였던 『12가지 인생의 법칙』에서 이렇게 말했습니다.

> 훈육 책임을 등한시하는 부모는 올바른 양육에 필요한 갈등을 피하고 싶어한다. 잠깐 악당이 되기 싫어서 자녀를 영원한 고통의 구덩이로 밀어넣는다. 사회는 어떤 엄한 부모보다 비판적이고 매정하다. 어떤 매정한 부모보다 훨씬 더 아프게 때리고 가혹하게 처벌한다. 당신 자녀의 훈육은 당신이 맡아야 한다. 그렇지 않으면 그 책임을 냉혹하고 무정한 세상에 떠넘기는 것이다. 사랑을 핑계로 훈육 책임을 회피하는 것은 비겁한 직무유기다.

그렇습니다. 사회화가 제대로 안 된 아이는 제대로 된 삶을 살기 어렵습니다. 그 아이는 커서 남에게 피해를 주고, 사회에 악영향을 끼칩니다. 타인과 사회는 그걸 가차 없이 처벌합니다. 따라서 부모는 자녀의 사회화에 적극적이어야 합니다.

때로는 사랑의 매를 들기도 해야 합니다. 장기적으로 보면 그게 자녀를 위한 길입니다.

   남의 말을 경청하고 공감하는 것, 공동체에 관심을 갖고 참여하는 것, 타인을 배려하는 것, 어려운 사람을 돕는 것, 자원봉사에 참여하는 것, 기부금을 내는 것 등등. 이 모든 것들이 좋은 사회성의 결과물입니다. 부모들은 자녀가 이런 사회성을 갖도록 항상 세심한 주의를 기울여야 합니다. 그러나 가장 중요한 것은 타인에게, 사회에 해를 끼치지 않는 것입니다.

8. 합리성을 최선의 판단 기준으로 삼게 한다

 부모에게 물려받은 유전자, 영·유아기에 자란 환경 등 자기 자신으로서는 어쩔 수 없는 삶의 상수들이 있습니다. 이런 것들은 평생 거의 일정한 크기로 삶에 영향을 끼칩니다. 상수는 어쩔 수 없는 것이니 생각도, 거론도 하지 않는 것이 좋습니다. 예를 들어 성인이 되어서도 '타고난 머리가 안 좋아 뭘 못하겠다'거나, '유년시절의 환경이 나빴기 때문에 어쩔 수 없다'는 등의 말은 영양가 없는 푸념이나 변명에 지나지 않습니다. 따라서 그런 것들은 잊어버리고 현재 주어진 조건에서 최선의 선택을 하면 됩니다.

 어느 정도 자란 후, 특히 성인이 된 후의 삶은 자신의 판단에 따른 선택에 의해 그 모습이 결정됩니다. 좋은 선택은 좋은 판단이 전제되어야 가능하므로 우선 좋은 판단을 하는 것이 중요합니다. 어떤 상황에서 어떤 판단을 할지는 각자가 그때그때 하는 것이니 판단은 삶의 큰 변수입니다. 지금 이혼녀라면 과거 어느 때 어떤 남자와 결혼하는 것이 좋겠다고 판단해 결혼했고, 그 후 남편과 살면서 수많은 판단과 그에 따른 행위를 했고, 결국 남편과 헤어지는 것이 좋겠다고 판단해 이혼했기 때문에 이혼녀가 된 것입니다. 잘 살고 못 사는 것, 행복하고 불행한 것도 따지고 보면 삶의 굽이굽이에서 내린 수많은 판단들의 결과물입니다. 삶의 과정에서 설령 전혀 뜻하지 않은 우연이나 운, 혹은 불운이 또 다른 변수로 작용했을지라도 그것은 부차적인 요소일 뿐입니다. 물론 예외적인 경우가 없는 것은 아닙니다. 신체적, 혹은 정신적인 구속으로 판단 자체를 강요당하거나 아예 할 수 없는 경우 등이 있을 수 있습니다. 이런 경우들을 제외하면 자신의 삶의 모습을 결정짓는 가장 중요한 1차적인 요소는 자신과 세상에 대해 자신이 내리는 판단입니다.

어떤 판단을 함에 있어서 가장 중요한 것은 판단 기준입니다. 이에는 올바른 것이 있고, 바람직하지 못한 것이 있습니다. 그런데 우리는 타성에 젖어 습관적으로 바람직하지 못한 기준으로 사람과 세상을 판단하는 경우가 많습니다. 이럴 경우 판단 대상을 오판하게 되며, 그에 따르는 후속 조치인 선택과 행위가 잘못되기 십상입니다. 그로 인해 판단 주체인 당사자는 많은 것을 잃고, 심지어는 인생이 꼬입니다. 이웃과 세상에도 좋을 게 없습니다. 바람직하지 못한 판단 기준 몇 가지를 살펴보겠습니다.

첫째, 편견입니다. 인종적 편견, 성적 편견, 종교적 편견, 직업적 편견, 지역적 편견 등이 있습니다. 흑인은 열등하다, 여성에게는 부엌데기가 천직이다, 이슬람교도와는 상종할 수 없다, 땀 흘리는 노동은 하층민들에게나 적합하다, 전라도 사람은 믿기 어렵다는 등의 편견 말입니다. 이런 기준으로 사람과 세상을 판단한다면 선택의 범위가 확 쪼그라들고 말 것입니다.

둘째, 자신의 감정, 혹은 기분입니다. 감정이나 기분은 변덕스럽고 기복이 심합니다. 그럼에도 이를 신뢰해 부지불식간에 판단의 기준으로 삼는 경우들이 매우 많습니다. 기분에 따라 자녀의 행위를 판단해 상벌을 내립니다. 주머니 사정 무시하고 기분 좋다고 일단 한턱 크게 쏘고 봅니다. 기분 나쁘다고 옆 사람에게 시비를 걸고 폭행합니다. 이런 사람 치고 건전하게 사는 사람 많지 않습니다.

셋째, 겉모습입니다. 이는 특히 사람에 대한 판단에 적용됩니다. 남성을 판단할 때는 허우대가 멀쩡하고 외모가 깔끔하냐 아니면 키가 작고 꾀죄죄하냐로, 여성의 경우에는 예쁘냐 안 예쁘냐를 주된 기준으로 삼습니다. 겉모습은 겉모습일 뿐 진짜로 중요한 내면을 제대로 반영하지 않습니다. 외모로 사람을 판단해 망신당하거나 일을 그르친 경험이 누구에게나 한두 번은 있을 것입니다. 그럼에도 외모로 사람을 판단하는 우리의 습성은 여전한 편입니다.

넷째, 소탐대실식 이해관계입니다. 자기에게 조금이라도 이익이 되느냐 되지 않느냐를 기준으로 사람과 세상을 판단합니다. 공적으로 아무리 큰 이익이 될지라도 자신에게 손톱만큼이라도 손해라고 판단되면 공익을 희생시켜 버립니다. 나라를 어지럽히는 정치인들, 고위직 공무원들, 공공의 적들 대부분이 이 판단 기준을 즐겨 사용하는 소인배들입니다.

다섯째, 집단(진영)논리입니다. 이는 자신이 속한 집단의 논리는 무조건 옳고, 반대 집단의 논리는 무조건 그르다는 내로남불식 판단 기준입니다. 정치적 당파나 여타 이익집단이 일상적으로 사용하다시피 합니다. 지금 우리 사회를 큰 시름에 빠뜨리고 있는 태극기 부대네, 개딸이네 하는 집단들의 판단 기준이 좋은 예입니다.

여섯째, 개인의 극단적인 신념입니다. 이는 특히 종교와 관련된 경우가 많습니다. 나라를 다스린다는 자들이 점집에 드나들거나, 주술에 빠져 세상을 혼란하게 합니다. 성직자, 혹은 그 아류에 속한 자들이 해괴한 주장을 들고 나와 세계를 구원할 진리라 외치며 주변에 파고들어 선량한 사람들에게 피해를 입힙니다. 가정주부가 이상한 종교적 신념에 빠져 가정을 통째로 파괴하기도 합니다.

여러분들은 이러한 기준들로 사람과 세상을 판단하기 원하지 않을 것입니다.

그러면 좋은 판단 기준, 우리가 마땅히 의존해야만 할 판단 기준은 무엇일까요. 사물의 이치를 궁구하는 데 기준이 되는 것, 즉 합리성입니다. 사실이냐 아니냐, 옳으냐 그르냐를 냉철히 가리는 이성적 사고 말입니다. 현대문명은 합리성에 그 토대를 두고 있습니다. 합리성에 의해 과학이 발전했고, 인간에 대한 지식이 확대되었고, 각종 제도가 갖춰져 왔습니다. 우리가 합리성을 상실한다면 현대문명은 곧 뒤죽박죽이 되고 맙니다. 따라서 의무교육인 중등교육까지는 그 주된 목표 중의 하나를 국민의 합리성 함양에 두어야 합니다. 출세를 위한 기초 다지기가 되어서는 안 됩니다. 그래야만이 지금 우리가 살고 있는 이 토대가 안정되고, 그 위에 더 발전해 나갈 수 있습니다.

위의 잘못된 판단 기준들은 모두 합리성에서 크게 벗어난 것들입니다. 그럼에도 불구하고 우리가 그런 기준으로 세상을 판단하고 행위하기에 지금 세상이 이처럼 혼란스러운 것입니다. 이런 혼란 상태를 수습하려면 당연히 우리 각자가 합리성에 의존해 판단하고 행동해야만 합니다.

　물론 합리성으로 모든 것을 판단할 수는 없습니다. 합리성의 한계를 넘어선 영역, 즉 초자연적인 현상이나 신적인 영역이라고 할 것들이 있습니다. 이런 영역에는 이성으로, 합리성으로 접근할 수 없습니다. 경험을 통해 습득한 지혜나 특별한 영감 등으로 접근해야만 할 것입니다.

　그러나 보통 사람들은 그런 영역에 접할 기회가 거의 없습니다. 우리 보통 사람들은 마주하는 세상사에 대해 합리적으로 판단할 상식만 갖춰도 올바른 판단을 내리기에 충분합니다. 그러면 개개인은 행복하고, 세상은 평화로울 것입니다. 따라서 부모는 자녀가 사람과 세상을 올바르게 판단할 수 있는 합리성을 갖도록 길러야 합니다.

9. 언행일치(지행합일)하게 한다

언행일치는 말과 행동이 일치한다는 말입니다. 지행합일은 앎과 행함이 하나여야 한다는 말입니다. 언행일치는 보통 쓰이는 일상적인 말이고, 지행합일은 철학적인 배경이 있는 학문적인 말입니다. 그러나 그 뜻은 대동소이한 것 같습니다. 지행합일을 보통의 말로 옮기면 언행일치가 될 듯합니다. 따라서 여기서는 두 말을 같은 의미로 보고, 언행일치로 통일해서 쓰겠습니다.

우리 사회의 언행일치 정도를 점수 매기면 몇 점이나 될까요? 백점 만점에 50점을 주기도 아까울 것으로 보입니다. 언행이 불일치한 예들을 몇몇 유형으로 나눠보겠습니다.

첫째, 사기입니다. 다단계든, 보이스피싱이든, 악덕 상술이든 모두 사기에 속합니다. 금융인이 금융지식이 없는 노인에게 파생상품을 권유해 큰 손실을 보게 하는 것도 일종의 사기입니다. 여기에는 사기꾼과 피해자가 있기 마련입니다. 사기꾼은 갖은 감언이설로 피해자를 유혹해 피해를 끼치고는 '내가 언제 그랬느냐'는 식의로 빠져나갑니다. 앞서 말한 바 있듯이 한국의 사기 범죄율은 일본의 30여 배라고 합니다. 우리가 일본인을 '쪽발이'라고 그렇게 무시하고 비난하지만, 이 점에서 그들은 우리보다 훨씬 나은 것입니다.

둘째, 보통 사람들의 일상적인, 무의식적인 허언입니다. 자녀에게 신호등 잘 지키라고 교육해 놓고 부모는 빨간불에 유유히 횡단보도를 건넙니다. 자녀에게 말 안 들으면 밥 안 주겠다고 협박해 놓고는 그런 말을 한 사실조차도 기억하지 못합니다. 어느 날 몇 시에 몇 명이 가겠다고 식당 예약해 놓고는 노쇼합니다. 몇 시에 어디에서 만나자고 해 놓고는 그 약속 자체를 잊어버립니다. 이런 것들은 모두 사회생활의 가장 기본적인 규범인 약속을 위반하는 것입니다. 약속은 지키기 위해서 하는 것입니다. 지키지 못할 것 같으면 아예 하지를 말아야 합니다. 그런데 우리 사회에서는 지키지 못할 약속을, 지키지 못할 줄 알면서도 너무나 남발합니다.

셋째, 사회적 영향력이 있는 유명인들의 위선적인 언행불일치입니다. 그들은 영향력이 있기에 대중매체, 언론매체 등을 통해 영향력을 발휘합니다. 대중들을 모아 놓고 하는 강연이나 저술을 통한 경우도 많습니다. 그들은 하지도 못할 것들을, 지키지도 못할 것들을 지식 자랑식으로 늘어놓습니다. 바람둥이가 원만한 결혼생활에 대해, 자식을 제대로 기르지 못한 사람이 참교육에 대해 열변을 토한다든지 하는 등으로 말입니다.

넷째, 정치인들의 언행불일치입니다. 우리나라 정치인들은 선거에서 당선되는 것이 지상목표입니다. 그 목표를 위해서라면 못할 말, 못할 짓이 없습니다. 거짓말을 서슴지 않습니다. 말 바꾸기에 능란합니다. 얼렁뚱땅 눙치고 넘어가기도 프로급입니다. 그들은 선거에 도움이 될 말이라면 진실성이나 가능성 여부를 따지지 않고 일단 내질러 놓고 봅니다. 낙선하든 당선되든 그것으로 끝입니다. 낙선한 사람이 했던 말은 별로 문제 삼지 않습니다. 당선된 사람은 누가 뭐라던 버티면 됩니다. 간혹 소송이 제기되지만, 패소 가능성은 그리 크지 않으며, 패소하더라도 재판 지연으로 임기를 다 마친 후에야 결과가 나오는 게 다반사입니다. 그러니 마음 놓고 헛소리를 해댑니다. 정치인들의 언행불일치 빈도수와 강도는 한국이 단연 세계 톱일 것입니다.

언행이 불일치한 사회는 불신사회입니다. 말을 믿을 수 없는데 어찌 신용사회가 되겠습니까. 불신사회는 정의로운 사회가 아닙니다. 서로 믿지 못해 서로를 속이는데 어찌 정의로운 사회가 되겠습니까. 우리 사회는 언행불일치가 만연한 불신사회, 정의롭지 못한 사회, 부패가 심한 사회입니다.

  우리 부모들은 자녀가 공부를 잘하는 것보다 거짓말 안 하고, 언행을 일치시키는 습성을 갖는 것이 훨씬 중요함을 알아야 합니다. 물론 완전한 언행일치는 불가능합니다. 그러나 그러도록 노력하고 또 노력해야 합니다. 실행하지 못할 말은 아예 하지 않도록 해야 합니다. 언행이 불일치한 삶은 거짓 삶, 실패한 삶, 불행한 삶입니다. 겉은 화려할지라도 내면은 삭막합니다.

3부

행복한 삶을 살도록 하세요

도스토예프스키는 "사람은 행복을 위해 창조되었기 때문에 전적으로 행복한 사람은 자신에게 곧장 '나는 이 땅에서 하느님의 서약을 이행했노라'라고 말할 자격이 있다"고 말했습니다. 그렇습니다. 행복한 삶을 사는 것은 모든 인간에게 주어진 소명입니다. 따라서 부모는 자신의 행복뿐만 아니라 자녀의 행복을 위해서도 최선을 다해야 합니다.

1. 행복을 삶의 최고의 가치로 삼게 한다

우리는 여러 가치들을 추구합니다. 돈, 일, 학력, 명예, 결혼, 친교 모임 등은 귀중한 가치들입니다. 사랑, 아름다움, 평화, 정의, 자유, 놀이, 행복 등도 우리가 추구하는 귀중한 가치들입니다.

우리는 보통 위의 앞의 것들을 수단적 가치, 뒤의 것들을 목적적 가치라고 합니다. 수단적 가치는 다른 목적을 위해 수단으로 사용되는 가치입니다. 이 가치 자체가 목적이 되어 버리면 곤란합니다. 돈이 그 대표적인 예입니다. 돈은 어디까지나 무엇인가를 위한 수단입니다. 따라서 돈을 목적으로 삼으면 당사자의 삶은 물론 주변 사람들의 삶마저 고달프고 피폐해집니다. 목적적 가치는 그 자체가 목적인 가치입니다. 우리가 누구를 사랑한다면 사랑 그 자체가 목적인 것입니다. 사랑을 다른 무엇인가를 위한 수단으로 삼으면 곤란합니다.

그런데 잘 살펴보면 목적적 가치들도 사실은 어느 하나의 가치에 수렴됨을 알 수 있습니다. 그게 무엇일까요? 바로 행복입니다. 우리가 왜 누군가를 사랑하고, 아름다움을 추구하며, 자유와 평화를 얻기 위해 분투할까요? 행복하기 위해서입니다. 우리의 일거수일투족, 우리가 추구하는 모든 가치들은 결국 우리의 행복을 위한 수단입니다. 행복은 우리의 최고의 가치인 것입니다.

행복에 관해 최초로 체계적인 저술을 남긴 아리스토텔레스는 "행복은 삶의 의미이고 목적이며, 인간존재의 목표이고 이유"라고 말했습니다. 프랑스 철학자 블레즈 파스칼은 "행복은 모든 사람들의 행동의 동기이며, 심지어 스스로 목을 매달아 죽는 사람도 이 점에서는 같다"고 썼습니다. 영국의 경험론 철학자 데이비드 흄은 "사람이 하는 모든 노력의 궁극적인 목적은 행복을 달성하는 것"이라고 주장했습니다. 심리학의 창시자 윌리엄 제임스는 "인간이 어떤 일을 하고, 어떤 일을 기꺼이 견디는 은밀한 동기는 행복을 얻고 유지하고 회복하기 위한 것"이라고 말했습니다. 소설가 헤르만 헤세는 "우리는 행복하기 위해 세상에 왔다"고 썼습니다. 티베트의 정신적 지도자 달라이 라마는 "삶의 목적은 행복이며, 삶은 행복을 향해 움직인다"고 말했습니다.

인간에 대한 심오한 이해와 지혜를 가진 것으로 인정받는 위의 사람들 모두 인간이 추구하는 궁극적인 가치는 행복임을 역설한 것입니다. 그렇습니다. 행복은 삶의 목적이고, 궁극적인 가치임은 의심의 여지가 없습니다. 그러므로 우리는 행복하게 살아야만 합니다.

행복하게 사는 것, 바로 이것이 인생의 최대의 성공입니다. 최고의 목적, 궁극적인 가치를 실현한 것이니까요. 도스토예프스키의 소설 『카라마조프가의 형제들』에 이런 대목이 있더군요. "사람은 행복을 위해 창조되었기에 전적으로 행복한 자는 자신에게 곧장 '나는 이 땅에서 하느님의 서약을 이행했노라'라고 말할 자격이 있다. 모든 의로운 분들, 모든 성자들, 모든 성스러운 수난자들은 다 행복했다." 나는 이 대목을 읽으며 묘한 전율을 느꼈고, 또한 틀림없는 말이라 여겼습니다.

우리 부모들은 자신의 행복은 물론 자녀들의 행복도 중요하다고 이구동성으로 말합니다. 그러나 이상한 논리를 갖고 있습니다. 사회적·세속적으로 성공하면 당연히 행복할 것이라는 논리 말입니다. 이 논리에 따라 자녀가 경쟁에서 이겨 성공하도록 진력합니다. 하지만 그런 식의 성공은 이루기도 어렵지만, 성공해도 많은 경우 행복하지 못합니다. 행복을 보장하지 않습니다. 그것은 행복을 위한 여러 조건들 중 없어도 그만인 하나의 조건일 뿐입니다. 성공하지 못해도 얼마든지 행복할 수 있으니까요. 반대로 행복하면 성공할 가능성이 아주 높습니다. 행복은 최고의 가치이므로 행복하면 성공하지 못해도 그만이지만, 놀랍게도 성공할 가능성마저 매우 높여 줍니다. 부모들이여, 그러니 제발 자녀의 성공을 위해 애쓰는 대신 행복을 위해 애쓰기 바랍니다. 그러면 일거양득일 것입니다.

2. 자연친화적이게 한다

인간은 출현해서부터 오랫동안 자연에서 나서, 자연에서 살다가, 자연으로 돌아갔습니다. 그러나 문명이 발달하면서 도시라는 것이 생겨났고, 그것이 점차 발달해 삶의 중심이 되었습니다. 그리하여 요즈음의 인간은 거의 대부분이 도시에서 태어나, 도시에서 살다가, 도시에서 죽습니다.

자연은 단순 소박합니다. 아름답습니다. 공평하고 정의롭습니다. 선한 생명력입니다. 정직하여 삿됨이나 속임이 없습니다. 온갖 것을 베풀면서도 교만하지 않습니다. 품이 넓어 무한정 포용합니다. 시기하거나 질투하지 않습니다. 인내하며 위엄이 있습니다. 질서정연하고 조화롭습니다.

반면 도시는 좁고 갑갑합니다. 기껏해야 인공미를 조금 가질 뿐 별로 아름답지 못합니다. 미혹(迷惑) 덩어리입니다. 공평하지도 정의롭지도 못합니다. 경쟁적입니다. 사치스럽고 교만합니다. 시기와 질투가 심합니다. 속도가 빠르고, 빙글빙글 돌아 안정적이지 못합니다. 위험 덩어리입니다. 스트레스를 많이 유발합니다. 경박하며 촐싹거림이 심합니다. 조화롭지 못해 어지럼증을 유발합니다.

자연과 도시를 굳이 이렇게 이분법적으로 나눌 필요는 없을 것입니다. 그러나 나눠 놓고 보면 나름 유용성이 있습니다. 우리가 이 둘을 어떻게 대하고 이용하며 살아가야 할지 그 길이 보이기 때문입니다.

사람에게는 순응력, 적응력이 있습니다. 향을 싼 종이에서는 향기가 나고, 생선을 싼 종이에서는 비린내가 나기 마련이듯 사람은 어디에서 어떤 사람들과 어울려 사느냐에 따라 마음이 너그러워지고 감수성이 풍부해질 수도, 시기 질투심과 경쟁심으로 똘똘 뭉쳐날 수도 있습니다. 자연의 품에서 사는 사람은 자연의 미덕을 품게 되고, 도시의 품에서 사는 사람은 도시의 악덕을 습득하기 마련입니다.

영국 계관시인이었던 윌리엄 워즈워스는 자신이 도시에 살면서도(사실 그는 삶의 대부분을 시골에서 살았지만) 도시 생활이 길러내는 습관적인 악덕에 굴복하지 않을 수 있었던 것은 자연의 덕택이라고 썼습니다.

> 내가 세상과 뒤섞이면서도
> 내가 가진 즐거움에 만족하며,
> 하찮은 노여움과 천박한 욕망을

멀리하며 살아왔다면,
그것은 그대 덕분이다. ……
그대 바람과 요란한 폭포 ……그대 덕이다.
그대 산이여, 그대의 덕이다, 오 자연이여!

그의 천진난만하면서도 아름다운 짧은 시를 하나 감상해 볼까요. 그는 참새 둥지 안의 알을 보고 받은 감동을 이렇게 표현했습니다.

봐라, 파란 알 다섯 개가 저기 반짝이고 있다!
이보다 아름다운 광경은 본 적이 없고,
기쁨을 주던 수많은 경치도
이 소박한 모습보다 더 즐겁지는 않았다.

나도 자연에 접근해서, 아니 바라보기만 하거나 생각만으로도 도시 생활에서 젖어든 저열한 감정들을 쫓아낸 경험들이 있습니다. 한번은 이랬습니다. 오십이 넘은 나이에 아내와의 사소한 말다툼으로 감정이 상했습니다. 내 방으로 후퇴해 책상에 앉아 고개를 푹 수그리고 있으니 상한 감정이 더 악화되었습니다. 별의별 생각들이 출몰했습니다. '이렇게 당하고만 있어야 하나', '한 번 뒤집어 엎어 버려야 하는 것 아냐', '내 신세가 왜 이렇게 비참하지', '이혼해 버려야 하지 않을까' 등등. 점점 더 깊은 수렁으로 빠져들었습니다. 그러다 언뜻, 우연히 고개를 들어 창밖을 보게 되었습니다. 파란 하늘에 흰 뭉게구름 몇 점이 한가롭게 둥둥 떠다녔습니다. 그 풍경을 본 즉시 가슴이 뻥 뚫린 듯했습니다. '아무것도 아닌 걸 가지고 내가 왜 이러고 있지'라는 생각이 들었습니다. 곧바로 아내에게 갔습니다. 아내는 무엇이 즐거운지 흥얼거리고 있었습니다. 나만 바보였던 것이지요. 그때 내가 하늘을 흘낏 쳐다보지 않았더라면 나는 그날 내내, 혹은 며칠을 지옥에서 보냈을지도 모릅니다.

자연은 우리를 구원하는 힘이 있습니다. 자연은 도시 생활로 습관화된 우리의 저열한 감정들을, 불안을 씻어내는 해독제 역할을 합니다.

그러나 우리가 도시 생활을 청산하고 자연으로 돌아가기는 쉽지 않습니다. 자연을 찬미했고, 자연주의적 교육을 역설했고, 자연으로 돌아가라고 외쳤던 장 자크 루소도 사실상 우리가 자연으로 돌아갈 수는 없다고 보았습니다. 문명의 수레바퀴, 역사의 수레바퀴를 되돌릴 수는 없다고 보았던 것입니다.

하지만 우리가 자연친화적인 삶을 살 수는 있습니다. 자연을 아끼고 사랑하면 됩니다. 환경에 유해한 쓰레기를 최소화하고, 친환경적인 식품을 먹는 등으로 자연을 훼손하지 않는 것이 자연을 아끼는 것입니다. 가끔, 가능하면 자주 산과 들과 바다로 나가 자연을 즐기는 것이 자연을 사랑하는 것입니다. 있는 그대로를 보고, 느끼고, 즐기면 됩니다. 워즈워스의 천진난만한 시 하나를 더 소개합니다.

> 수탉이 울고,
> 냇물은 흐르고,
> 작은 새들은 지저귀고
> 호수는 반짝거린다. ……
> 산에는 기쁨이 있다.
> 샘에는 생명이 있다.
> 작은 구름들은 하늘을 날고,
> 파란 하늘은 드넓게 펼쳐져 있다.

최근 고명환의 『고전이 답했다 마땅히 살아야 할 삶에 대하여』를 읽었습니다. 자연친화적인 삶의 장점, 저자 자신이 자연에서 체득한 삶의 지혜를 말하는 대목이 인상적이어서 소개합니다.

　자연에서 놀았고, 자연에서 돈을 벌었다. 자연의 가르침이 자연스럽게 내 안에 녹아들었다. 내겐 어려운 시기가 닥칠 때마다 떠올리는 어린 시절의 장면이 있다. 2월의 눈 덮인 둑길에서 눈을 파헤치면 그 속에서 파릇파릇 솟아나는 새싹, 그 경이로움. 그 힘찬 새싹의 모습이 '힘든 시간을 견디면 봄은 반드시 온다'는 진리가 되어 나를 견디게 해주었다.

부모들이여, 자녀들에게 자연의 친구가 되게 해주세요. 그러면 그들은 마르지 않는 기쁨을 누리며 살아가게 될 것입니다. 고난에 처할지라도 헤쳐나갈 힘을 갖게 될 것입니다.

3. 자신과 세상을 긍정적으로 보게 한다

사람은 누구나 외롭습니다. 정도만 다를 뿐이지 모두 외롭습니다. 지지자들에 둘러싸여 환호와 갈채를 받는 사람도 돌아서서 홀로 서면 진한 외로움을 느낍니다. 사람은 본질적으로 외로운 존재입니다. 정호승 시인은 "울지 마라/ 외로우니까 사람이다/ 살아간다는 것은 외로움을 견디는 일이다"라고 썼습니다.

더 나아가 사람은 존재 자체에 대한 회의감, 무가치함, 죄악감 같은 것으로 괴로워하기도 합니다. 영화란 영화는 다 누렸던 솔로몬조차도 삶의 회의감에 빠져 "세상 모든 것이 헛되고, 바람을 잡으려는 것과 같고, 아무런 보람도 없는 것"이라는 소회를 밝혔습니다. 위대한 지성 톨스토이는 이렇게 고백했습니다.

> 합리적인 지식에 비추어 보면 삶은 사악한 것으로, 사람들도 이 점을 잘 알고 있다고 나는 결론지었다. 그런데도 사람들은 과거로부터 굳이 살 필요가 없는 삶을 굳이 살아왔고, 지금도 살아가고 있다. 내 자신이 삶은 무의미하고 사악한 것임을

오래 전부터 잘 알고 있음에도 지금까지 살아온 것처럼 말이다.

그는 한 걸음 더 나아가 그런 삶에서 헤어날 수 있는 유일한 방법은 자신의 삶을 파괴하는 것이라고 했습니다.

매우 강인하고 논리적으로 일관된 사람들만이 자신의 삶을 파괴한다. 그들은 삶은 멍청한 장난에 불과하다는 것, 산 사람보다 죽은 사람이 더 복되다는 것, 존재하지 않는 것이 더 낫다는 것을 깨닫고 멍청한 장난에 종지부를 찍는다. 밧줄에 목을 매달거나, 물속으로 뛰어들거나, 칼로 심장을 찌르거나, 달리는 기차에 뛰어드는 등 방법은 많다.

하지만 톨스토이는 자신을 죽이지는 않았습니다. 온갖 비관 속에서도 삶을 가치 있게 느꼈기 때문일 것입니다. 그는 자신이 충동적으로 자살할까 염려해 총과 밧줄을 곁에 두지 않았다고 합니다.

삶은 고통의 연속입니다. 양갓집에서 태어나 양육·훈육·교육을 잘 받으며 자라고, 성인이 되어 순탄하게 잘 사는 것 같아도 학교생활의 어려움, 취업 문제, 부부간의 갈등, 사업상의 어려움, 예측 불가의 불운 등으로 괴로움을 당하기 십상입니다.

하물며 불우한 환경에서 태어나 부모형제나 주변으로부터 일상적으로 모진 천대와 학대와 폭행을 당하며 성장했다면 어떠하겠습니까. 고아원이나 소년원을 제집 드나들듯 하며 인생의 쓴맛을 다 보았다면 어떠하겠습니까. 생활의 고단함에서 벗어나지 못해 절망적인 삶을 살아가고 있다면 어떠하겠습니까. 그들은 삶을 아무런 희망이 없는 것, 오직 고통스런 것으로 볼 것입니다. 그들은 자기 자신에 대해서는 절망하고, 세상에 대해서는 분노할 것입니다.

그 해결책으로 어떤 사람들은 자기 자신을 소멸시킵니다. 혼자 죽기는 억울하다고 생각해 다른 사람을 죽이고 자신이 죽는 경우도 종종 있습니다. 어떤 사람들은 행복해 보이는 사람들을 죽입니다. 그 어느 쪽이든 다 처참한 비극일 뿐입니다.

물론 삶 자체가 극도로 고통스럽고, 세상을 비관적·부정적으로 보는 사람들의 삶이 다 비극적인 것은 아닙니다. 경우에 따라서는 온갖 악조건과 비관을 이겨내고 찬란한 꽃을 피워내기도 합니다. 그런 사람들 중 불멸의 업적을 남긴 사람들이 많습니다. 니체는 "나를 죽이지 못하는 고통은 오히려 나를 강하게 한다"고 쓴 바 있습니다. 그렇습니다. 인간은 고통과 시련, 고뇌 속에서 더 크게 성장하기도 합니다.

그렇다고 큰 고통이나 시련, 혹은 고뇌를 자처할 필요는 없습니다. 스파르타식 교육이나 수도사적인 고행, 혹은 광신도적인 자기부정에 빠질 필요도 없습니다. 보통의 경우 그런 것들은 삶에 부정적인 영향을 끼칩니다. 신체를 망가뜨리고 정신을 피폐하게 합니다. 삶의 질을 떨어뜨리고 행복을 달아나게 합니다.

삶은 본질적으로 외롭고 신산하고 고통스런 것이지만, 그럴지라도 가능한 한 자신과 세상에 대해 긍정적인 생각을 갖고 안락하게 사는 게 좋습니다. 부정적으로 생각하면 할수록 삶이 더 고달파집니다. 긍정적으로 생각하면 할수록 삶에 더 희망이 보이고, 활기가 돌고, 웃음기가 생깁니다.

부모들은 자녀들에게 자신과 세상에 대해 긍정적인 시각을 갖도록 최선을 다해야 합니다. 어떻게 해야 할까요? 스킨십을 많이 해주고, 말을 잘 들어줘야 합니다. 잘못한 일에 대해서는 크게 꾸중하지 말고, 잘한 일에 대해서는 크게 칭찬해

줘야 합니다. 재능과 특성을 파악해 그것을 꽃 피울 수 있도록 해줘야 합니다. 그것이 비록 하찮게 보일지라도 대단한 것으로 여기도록 의미를 부여해줘야 합니다. 성공한 사람이 되라고 강요하지 말고, 행복한 사람이 되도록 이끌어야 합니다. 세상에는 악당보다 선한 사람이 많음을 알게 해야 합니다. 인간은 하찮고 악한 것 같지만, 그런 인간들이 이룬 위대한 업적들이 차고 넘침을 알려줘야 합니다. 보고, 느끼고, 배울 것들이 널려 있음을 알려줘야 합니다. 자연은 아름다움을, 자연을 통해 언제라도 경이로움과 환희를 느낄 수 있음을 가르쳐줘야 합니다. 세상은 넓으며, 할 일 또한 적지 않음을 경험하게 해줘야 합니다. 이렇게 하다 보면 자녀는 자존감을 느끼며, 열린 마음으로 세상을 향해 나갈 것입니다.

4. 좋아하는 일을 하게 한다

무위도식을 찬양하고 즐기는 팔자 좋은 사람들이 간혹 있습니다만, 그것은 좋은 삶이라고 보기 어렵습니다. 사람은 일을 함으로써, 일을 통해 사람답게 살 수 있습니다. 우선 일을 하는 행위는 그 자체로 의미가 큽니다. 몸을 쓰는 일이든, 머리를 쓰는 일이든 사람은 일을 통해 세상과 자연, 그리고 그보다 더 심원한 어떤 것들과 연결되니까요. 다음으로 일을 통해 생계 수단을 확보하고 더 나아가 무엇인가를 생산·창조함으로써 삶의 보람을 느끼게 됩니다. 한 가지 더 들자면 일은 휴식의 달콤함을 선사합니다. 무위도식하는 사람들이 어찌 그 맛을 알겠습니까. 휴식의 달콤함을 향유하는 것은 땀 흘려 일한 사람들만이 누릴 수 있는 특권입니다.

그러나 현실적인 차원에서 볼 때 이는 원론적인 이야기일 뿐입니다. 주변을 둘러보십시오. 하고 있는 일에서 자부심과 보람을 느끼고, 휴식에서 달콤함을 느끼는 사람들 별로 없습니다. 대부분이 하고 있는 일을 지겨워하고, 그 일에서 떠나고자 하고, 일을 하지 않는 시간에는 쌓인 스트레스를 푸느라 스트레스가 더 쌓인다고 투덜거립니다. 왜 이럴까요? 하고 싶지 않은 일을 어쩔 수 없이 억지로 하고 있기 때문입니다. 그렇다면 해결책은 간단합니다. 하고 싶은 일을 찾아서 하면 되지 않겠습니까. 그러나 이는 그리 간단한 문제가 아닙니다.

누군가가 하고 싶은 일은 그가 자신의 이상과 꿈을, 내면적 욕구를, 자아를 실현하는 데 최적이라고 생각하는 수단입니다. 그는 하고많은 일들 중에서 자신을 완성시킬 최적의 수단으로 어떤 일을 마음에 들어하게 되는데, 그게 하고 싶은 일이 되는 것입니다. 따라서 그가 그 일을 하게 된다면 그는 그 일에 대해 누가 뭐라고 하든, 돈벌이가 잘 되든 안 되든 크게 신경 쓰지 않을 것입니다. 외부의 시선이나 평가에 아랑곳하지 않고 오직 그 일을 함으로써 자신을 더욱 발전시키고 이상을 실현해 나가는 데서 의미와 가치를 찾을 것입니다. 따라서 열정적으로 일하고, 재미를 느낄 것입니다. 달콤한 휴식을 향유할 것입니다. 겉보기에는 초라할지라도 행복할 것입니다.

그런데 우리 현실에서는 젊은이들이, 특히 아이들의 경우 좋아하는 일을 자유롭게 선택하기가 거의 불가능합니다. 그들이 지향하는 바와 부모나 사회가 인정하는 가치가 부합하지 않기 때문입니다. 누차 언급했듯이 우리 부모들이나 사회는 사회적·세속적 성공에 매몰되어 있습니다. 부모들은 그럴

듯해 보이고, 돈벌이 잘 되고, 사람들이 선망하는 일을 자녀들이 하기 원합니다. 따라서 자녀들이 하고 싶은 일을 하고자 할 경우 모진 압력을 가합니다. 예를 들어 자녀가 법률가나 의사가 되기를 원하는 부모는 여행가 체질이라며 배낭 하나 달랑 둘러메고 나가려는 자녀를 용납하지 않습니다. 기어이 로스쿨이나 의대에 보내려고 합니다. 비극의 시발점입니다.

　우리 사회에서 소위 말하는 성공의 길은 거의 정해져 있습니다. 공부 잘해서, 좋은 대학 나와서, 사람들이 선망하는 좋은 직업을 갖는 것입니다. 이는 매우 좁고, 험난한 길입니다. 그런데도 부모는 자녀에게 그 길을 가라고 토끼몰이하듯 몰아댑니다. 좋아하고, 잘하는 모든 것을 포기하고 공부만 하라고 닦달합니다. 그리하여 아이들은 미래학자 엘빈 토플러가 이미 15년 여 전에 지적한 바 있는, "곧 쓸모없어질 지식"을 주입하느라 밤낮없이 애씁니다.

　그 결과로 수많은 부작용이 생겨납니다. 부모에게 반항하고 가출하는 아이들, 사회에 적대적이고 세상을 파괴하고 싶어 하는 아이들, 심지어는 자신을 죽이는 아이들이 속출합니다. 부모의 말에 어쩔 수 없이 순종해 학원에 잘 다니다 대학에 들어가나 개성을 잃고 삶의 의욕을 잃어 실의에 빠진 아이들 수없이 많습니다. 대학을 졸업하나 막상 할 일을 찾지 못해 방황하는 젊은이들이 수두룩합니다. 대학을 나왔다는 자존심은 있어 몸으로 하는 노동은 한사코 기피합니다. 알바를 하며 취업준비에 골몰하다 '에라 모르겠다'는 자포자기 심정으로 원하지 않는 직장에 들어갑니다. 원하지 않는 일을 하다 보니 적응하지 못해 퇴직하고 다른 직장을 찾습니다.

지난봄에 내가 사는 아파트단지 내·외벽 페인트칠 공사가 있었습니다. 대충 헤아려보니 열몇 명 정도의 페인트공들이 한 달 넘게 매달려 일했습니다. 그들 중 한국인은 한 명도 없었습니다. 외모나 쓰는 말로 볼 때 동남아와 러시아 계통의 젊은이들이었습니다. 그 공사가 진행 중인 때에도 대학을 졸업한 실업자들이 넘쳐난다는, 지방 중소기업체들의 인력난이 심각하다는, 부모에게 얹혀사는 캥거루족이 수십만이라는 등의 뉴스가 이어졌습니다. 우리 사회와 부모들이 사회적·세속적 성공에 매몰되어 자녀들에게서 일 선택권을 빼앗은 결과라고 생각했습니다.

거듭 말하지만 인간이 추구하는 최고의 가치는 행복입니다. 행복하기는 의외로 쉬울 수도 있습니다. 좋아하고 잘하는 일을 하면서 살면 될 것입니다. 일하는 자체가 즐겁고, 하는 일을 통해 돈을 벌든지 작품을 남기든지 해서 보람을 느끼고, 일을 하는 과정에서 자기 자신 이외의 것들과 교감할 수 있어서 즐거우면 행복하지 않겠습니까. 이와는 반대로 오직 생존하기 위해 하기 싫은 일을 억지로 하면서 산다면 행복하기는 불가능할 것입니다.

  부모는 자녀가 행복의 길을 가도록 해야 합니다. 그러려면 자녀가 하고 싶은 일을 하도록 기꺼이 허용하고, 더 나아가 격려해야 합니다. 자녀가 원하는 일을 하고 산다면 그 일은 단지 먹고살기 위한 생업이 아니라 성스러운 놀이, 즉 천직이 될 것입니다. 그러면 자녀는 물론 부모 자신도 행복할 것입니다.

5. 인내력과 회복력을 갖게 한다

"흔들리지 않고 피는 꽃이 어디 있으랴". 도종환 시인의 싯구입니다. 흔들리지 않고 피는 꽃은 없습니다. 요행으로 되는 일이 어디 있겠습니까. 열심히 하지 않는데도 가치 있는 일이 그냥 이루어지지는 않습니다. 그런데도 열심히 하지 않고 요행으로 무엇인가를 이루려는 사람들이 많습니다.

그냥 행복할 수는 없습니다. 잘 먹고, 잘 마시고, 편안히 산다고 그냥 행복한 것은 아닙니다. 행복한 것 같지만 곧 지루함이, 권태가 찾아듭니다. 그걸 이기지 못해, 거기서 벗어나기 위해 몸부림치다 이상한 짓을 하게 됩니다. 그러다 나락에 떨어지고만 사람들 허다합니다.

뭔가 가치 있는 일을 하고, 그 일을 통해 성취를 이루고, 그러는 과정에서 쉼을 통해 얻는 행복이 진정한 행복입니다. 뭐를 해야 할까요? 좋아하고 잘하는 일을 선택해서 하는 것이 최선입니다.

그러나 여러분의 자녀가 좋아하고 잘하는 일을 택해, 그 일을 하기 시작했다고 안심하기에는 아직 때가 이릅니다. 과학 공부를 좋아해, 피아노 치기를 좋아해, 목공일을 좋아해 그걸 시작했다고 누구나 손쉽게 그 분야의 전문가가 되는 것은 아닙니다. 끊임없는 노력이, 많은 시간의 훈련이 필요합니다. "1만 시간의 법칙"이라는 것이 있습니다. 어떤 분야든 전문가가 되려면 1만 시간 정도의 공부와 훈련이 불가피하다는 것입니다. 그 과정에서 수많은 망설임과 유혹과 갈등을 겪게 됩니다. 그걸 이겨내려면 인내심이 필요합니다. 휘청거리다 넘어졌다면 다시 일어설 회복력이 필요합니다.

여러분의 자녀가 무엇을 이루는 데 있어서 가장 큰 걸림돌은 물론 자녀 자신에게 있습니다. 하고 있는 일이 너무 힘들다고 포기하려 할 수 있습니다. 다른 것을 하는 친구들과 비교해 그들이 하는 것은 화려한데 반해 자신의 일은 하찮게 보여 다른 일을 하려 할 수도 있습니다. 어떤 이유든지 간에 부모는 중심을 잘 잡아줘야 합니다. 끊임없이 격려하고, 자신감을 심어줘야 합니다. 세상일에 쉬운 것은 없음을 각인시키고, 분발하도록 자극해야 합니다. 그러면 자녀는 인내심을 키워갈 것이며, 설령 넘어져도 다시 일어설 것입니다.

자녀가 부모의 뜻을 어기고 부모가 원치 않은 일을 하다 중간에 갈팡질팡하는 경우, 그것을 보고 고소하다는 듯이 '내 그럴 줄 알았다. 네가 그러면 그렇지 뭐'라는 식의 냉소적인 반응은 독약입니다. 이는 자녀를 죽이고 말 것입니다. 자녀의 육신을 죽이지는 않을지라도 정신을, 영혼을 죽이고 말 것입니다.

그렇다고 처음 선택한 일을 끝까지 밀고 나가도록 고집할 필요는 없습니다. 선택이 잘못된 것이 아닌지 살필 필요가 있으며, 잘못되었다면 빨리 바꾸는 것이 상책입니다. 적성에 맞지 않는 일을 고집스럽게 밀고나가는 것은 어리석은 짓입니다. 그것은 불행한 삶으로 인도하는 지름길입니다.

비단 전문가가 되는 과정에서만 인내심과 회복력이 필요한 것은 아닙니다. 사는 것 자체에 인내심과 회복력이 필요합니다. 세상은 만만하지 않고 변화무쌍합니다. 우리의 삶에서 확고하게 믿을 만한 상수라는 것은 없다시피 합니다. 언제 세찬 풍파가 안온한 것 같던 삶을 할퀴고 지나갈지 모릅니다. 우리는 변화를, 세찬 풍파를 인내하고 극복할 줄 알아야 합니다. 쓰러져도 오뚜기처럼 다시 일어날 회복력을 가져야만 합니다. 삶은 고난과 그것을 극복하는 과정일지도 모릅니다. 인내심과 회복력이 없다면 넘어졌을 경우 다시 일어서지 못할 것입니다.

도리스 메르틴은 『아비투스』에서 서양 엘리트들의 자녀 교육에 대해 이렇게 말하고 있습니다.

> 영국의 상류층, 미국의 동해안 부유층 혹은 독일의 프로이센 귀족 모두 어느 정도의 엄격함을 양육 원칙의 일부로 삼는다. 엘리트 자녀들은 엘리트 기숙학교의 추운 저택에서 단련을 받는다. 엘리트 교육은 전문 지식으로만 이루어지지 않는다. 스포츠 정신, 자제력, 탄력성, 수용력 같은 성격 강화가 전문 지식 습득보다 더 중요하다. 미래의 엘리트들은 비가 오나 바람이 부나 운동을 하고, 엄격한 규칙을 따르고, 스파르타식 생활을 하며, 어려운 고대 그리스어와 라틴어를 배우고, 역경을 견디고 인내하는 법을 익힌다. 고된 학교생활은 저항력을 키우고, 재산, 저택, 회사를 잃었을 때 이겨내는 아비투스(인성, 혹은 제2의 천성)를 형성한다.

이미 많은 것을 갖춘 엘리트 아이들에게도 이렇게 교육시키건대 하물며 보통의 아이들에 대해서야 말해 무엇하겠습니까.

인내심과 회복력은 훈육과 교육과정에서 키울 수 있습니다. 어린 시절, 학창 시절에 하는 것이 효과적입니다. 자녀에게 좀 엄한 원칙을 정해 지키도록 해야 합니다. '오냐오냐주의'나 "내 새끼 지상주의"에 빠져서는 안 됩니다. 자녀가 원하는 것을 흔쾌히 다 들어줘서 좋을 게 없습니다. 자녀가 넘어져 타박상 좀 입었다고 큰일이라도 난 것처럼 호들갑을 떨며 병원으로 달려가서는 안 됩니다. 자녀가 좀 어려운 상황에 처했다고 부모가 냉큼 나서서 해결해 버리지 않아야 합니다. 자녀가 스스로 어려움을 해결해 나가는 것을 지켜보면서 꼭 필요한 경우에만 나서야 합니다. 이런 과정을 통해 자녀는 미래에 닥칠 위기를 돌파해 낼 인내심과 회복력을 기르게 됩니다. 넘어져도 일어나 숨을 고르고 다시 전진할 힘을 갖게 됩니다.

6. 매사에 감사하도록 한다

　어디서 읽은 동화입니다. 행복하게 살던 할머니가 죽을 때가 되었습니다. 지인들이 모여들어 행복하게 살아온 할머니의 삶을 축복했습니다. 어떤 사람이 행복하게 살아온 삶의 비결을 물었습니다. 노인은 희미하게 미소 지으며 자신이 소녀 때의 이야기 한 토막을 들려주었습니다. 어느 여름날 아침 길을 가는데 나비 한 마리가 거미줄에 걸려 버둥거렸습니다. 소녀는 안 됐다는 생각에 나비를 거미줄에서 떼어내 주었습니다. 그러자 나비는 요정으로 변해 살려준 은혜 갚음으로 한 가지 소원을 들어줄 테니 말해 보라고 했습니다. 소녀는 행복하게 사는 것이라고 했습니다. 요정은 소녀의 귀에 대고 뭐라 속삭이고는 사라졌습니다. 할머니는 그때부터 요정이 하라는 대로 했고, 그랬더니 행복한 삶이 이어졌노라고 말했습니다. 누군가가 요정이 뭐라고 했느냐고 묻자 할머니는 "모든 것에 감사하라"고 했다고 대답했습니다.

　행복학의 대가 마틴 셀리그만은 감사를 생활화하면 어떤 효과가 있는지를 과학적으로 입증해냈습니다. 그는 『긍정심리학』에서 이렇게 말합니다.

감사를 표현하는 방법에는 수십 가지가 있지만, 그중 비교적 쉽게 실천할 수 있고 과학적으로 효과가 입증된 것 중 하나는 감사일기 쓰기다. 2005년 「타임」지는 내가 실시한 이 방법을 커버스토리로 다뤘다. 나는 가장 심각한 우울증 환자 50명을 대상으로 우울증 검사와 행복도 검사를 한 다음 감사일기를 쓰게 했다. 이들의 평균 우울증 측정치는 34였다. 이 수치면 극단적 우울증 범주에 속하는데, 이에 속하는 사람은 가까스로 침대 밖으로 나와 컴퓨터 앞에 앉았다가 다시 침대 속으로 기어들어갈 정도다. 그들은 각자 일주일 동안 매일 그날 감사한 일 세 가지와 그 이유를 썼다. 그 결과 그들의 평균 우울증 측정치는 17점으로, 즉 극단적 우울증 상태에서 경미한 수준으로 내려갔다. 반면 행복 백분위는 15에서 50으로 올라갔다. 나는 지난 40년 동안 심리치료와 약물로 우울증을 치료해 왔지만, 이런 결과를 목격한 것은 처음이었다.

감사의 마음을 갖는 것, 감사를 표현하는 것은 확실히 행복으로 가는 지름길입니다. 매사를 감사해 한다면 불평불만거리가, 괴로울 일이 어디에 있겠습니까. 번뇌와 고통마저 기쁨으로 변해 버리고 말 것입니다. 매사에 감사하는 삶은 행복 그 자체입니다.

그러나 우리는 감사하기에 익숙하지 못합니다. 아무리 둘러보아도 감사할 일이 없는 것 같습니다. 윤택하게 사는 사람은 자기가 잘나고 똑똑해서 그런다고 믿습니다. 그럭저럭 겨우 사는 사람은 뼈빠지게 일해 번 자기 돈으로 먹고 산다고 생각합니다. 못사는 사람은 세상에 대해 원망과 저주를 퍼붓습니다. 너나 나나 이구동성으로 도대체 무엇에 대해, 왜 감사해야 하느냐고 묻습니다.

그러나 잘 찾아보면, 생각의 각도를 조금 달리해 보면 세상에는 감사의 대상이 아닌 것이 하나도 없음을 알게 될 것입니다. 감사해야 할 대상을 몇 가지 범주로 나누어 보겠습니다.

● 자기 자신

당신이 지금 어떤 상태에 있던 당신은 존재 그 자체로 무한히 소중합니다. 젊으면 젊기 때문에, 노인이지만 생각이 젊으면 여전히 청춘이기 때문에 소중합니다. 한 눈이 멀었으면 다른 한 눈은 멀쩡하기 때문에, 중병에 걸렸으면 아직 죽지 않았기 때문에 소중합니다. 말장난이 아닙니다. 누구나 존재하는 그 자체로 소중합니다. 따라서 누구라도 존재하는 자신의 존재 그 자체에 대해 감사해야 합니다.

● 삶을 함께하는 가까운 사람들

부모와 형제, 연인, 친구 등 모두 감사해야 할 대상입니다. 그들은 어쩌다 함께하게 된 그렇고 그런 사람들이 아닙니다. 어떤 섭리로, 필연에 의해 서로 숨결을 나누며 고락을 함께하고 있습니다. 그들과 주고받는 따뜻한 눈빛이나 애정 어린 말 한마디인들 그 가치가 어찌 작다 할 수 있겠습니까.

● 세상 사람들

당신은 알게 모르게 세상 모든 사람들과 연결되어 있습니다. 일상의 사소한 누림도 타인의 노고 없이는 불가능합니다. 당신이 먹는 음식, 타는 차, 손에서 한시도 떼어 놓을 수 없는 휴대전화, 읽는 책 등 어느 것 하나 수많은 사람들의 손길을 거치지 않은 것이 없습니다. '내 힘으로 돈 벌어, 내 돈 쓰고 사는데 뭐'라는 생각은 오만의 극치입니다. 타인이 없으면 돈은 무용지물에 불과합니다. 당신은 당신이 알지 못하는 수많은 사람들 덕분에 오늘의 삶을 이어가고 있음을 한시도 잊어서는 안 됩니다.

● 자연

자연은 산소, 물, 시원한 바람, 따뜻한 햇볕, 아름다운 경치 등 이루 헤아릴 수 없이 소중한 것들을 당신에게 선사하고 있습니다. 그러니 그런 것들에 대해 당연히 감사하는 마음을 가져야 합니다. 단 5분만 마시지 않아도 죽게 될 산소에 대해 감사하는 마음을 갖지 않는 게 말이 됩니까. 물론 그러지 않는다고 당장 어떻게 되는 것은 아닙니다. 그러나 자연에 존재하는 모든 것들에 대해 감사의 마음을 갖게 되면 당장 삶이 충만해지고, 큰 행복을 느끼게 됩니다.

● 하루하루의 평범한 삶

우리들 대부분은 대체로 평범한 하루하루를 살아갑니다. 그런데 대체로 그러한 삶을 지겨워합니다. 자극적인 하루하루, 화끈하고 신나는 일상, 다른 사람들의 주목을 받는 그럴듯한 삶을 갈구합니다. 평범한 하루하루에 대해서는 뭔가 손해를 본 듯한 느낌, 헛살고 있다는 상실감 같은 것을 느낍니다. 그러나 이는 잘못된 판단으로 인한 감정의 혼란입니다. 자신의 일을 성실하게 해내면서 사랑하는 사람들과 더불어 살아가는 평범한 삶이야말로 위대하고 행복한 삶입니다. 당신이 오늘 하루의 평범한 삶을 무사히 마무리한 데 대해 감사한 마음을 가지면 당신은 틀림없이 큰 행복감을 느끼게 됩니다. 어느 날 사고로 다리가 부러져 입원하거나, 중병에 걸린 사실을 알게 된 후에야 평범한 삶의 소중함을 깨닫는다면 한 발 늦은 것입니다.

작고 흔한 것들을 주의 깊게 살피다 보면 그 소중함을 알게 됩니다. 당연하게 생각해 온 것들을 조금 다른 각도에서 보면 당연한 것이 아님을 알게 됩니다. 시인 나태주는 "자세히 보아야 예쁘다/ 오래 보아야 사랑스럽다"고 썼습니다. 그렇습니다. 우리가 마주하는 사람이나 사물을 자세히 보고, 오래 생각하다 보면 소중하고 필연적이라는 생각이 들게 됩니다. 그러면 감사하는 마음이 일고, 행복감을 느끼게 됩니다. 이 세상에 감사해야 할 것들은 많고도 많습니다. 아니, 감사의 대상이 아닌 것이 하나도 없습니다.

부모들이여, 부디 자녀들이 매사에 감사함을 느낄 수 있도록 가르치기 바랍니다. 셀리그만이 추천한 방법이 좋을 것입니다. 자녀가 매일 감사한 일과 그 이유를 꾸준히 일기식으로 쓰다 보면 어느 사이 매사에 감사하는 습관이 들 것입니다.

비가 오지 않으면 맑고 쾌적할 것임에 대해, 비가 오면 수량이 풍부해져 초목이 잘 자랄 것임에 대해 감사함을 느낄 것입니다. 몸이 조금 아파서 쉬게 되면 쉴 수 있게 된 데 대해, 몸이 많이 아프면 죽지 않고 살아있음에 대해 감사함을 느낄 것입니다. 그 정도의 경지에 이르면 삶이 전반적으로 행복할 것입니다. 불행할 틈이 없을 것입니다.

7. 삶의 부침(浮沈)에 일희일비하지 않게 한다

 온 우주의 불변의 속성은 변화입니다. 모든 것이 변화합니다. 오늘의 그것은 어제의 그것이 아니며, 내일의 그것은 오늘의 그것이 아닙니다. 부처나 로마의 스토아 철학자 황제 마르쿠스 아우렐리우스 등 동서고금의 현자들은 그 점을 간파했고, 후세에 그 점을 알리고자 애썼습니다. 소설가 헤르만 헤세는 「시든 잎」이라는 시에서 "이 세상에 영원한 건 변화와 무상(無常)일 뿐"이라고 했습니다.
 우리 삶의 불변의 속성 또한 변화입니다. 우리의 삶은 한시도 그대로 머물러 있지 않고 끊임없이 부침을 계속합니다. 때로는 그 부침이 감지할 수 없을 정도로 미미하지만, 때로는 걷잡을 수 없을 정도로 소용돌이칩니다. 한순간 세상의 행운을 다 움켜쥔 것 같다가도 어느 날 갑자기 발가벗은 모습으로 세상에 내동댕이쳐집니다. 갑자기 나락으로 떨어졌다, 뜻하지 않는 행운으로 비상하기도 합니다.
 우리는 이런 변화를 어떻게 받아들여야 할까요? 좀 괜찮다 싶으면 해해거리고, 아니다 싶으면 야속하다고 몸부림치며 저항해야 할까요? 삶의 무상함을 어떻게 받아들이느냐는 삶의 질을 결정하는 가장 중요한 요소입니다. 아우렐리우스 황제는 "삶은 우리가 무상함에 갖다 붙이는 해석에 불과하다"고 말했습니다. 변화에 긍정적인 의미를 부여하면 긍정적인 삶, 행복한 삶이 되는 반면 부정적인 의미를 부여하면 부정적인 삶, 불행한 삶이 된다는 것입니다. 변화 그 자체가 중요한 게 아니라 변화를 대하는 우리의 마음 가짐이 중요하다는 것입니다.

새옹지마(塞翁之馬)라는 말이 있습니다. 새옹에게 말타기를 좋아하는 아들이 있었는데, 그 아들이 말을 잃고 또 다른 말을 얻는 등의 과정에서 새옹과 동네 사람들이 그것을 어떻게 보느냐에 관한 관점의 차이를 보여주는 이야기입니다. 새옹은 아들이 말을 잃든 얻든 초연한 편입니다. 그는 삶은 무엇을 얻기도 하고 잃기도 하는 연속적인 과정이며, 궁극적으로는 무엇이 좋고 나쁜지 알 수 없으므로 일희일비할 필요 없다는 관점을 보입니다. 그러나 동네 사람들은 이득을 얻으며 좋고, 잃으면 안 좋다는 관점에서 일희일비하는 모습을 보입니다. 결국 그 말의 함의는 삶의 부침에 일희일비하지 말고 초연히 살아가라는 가르침입니다.

문제는 일희일비가 마음대로 조절되지 않는다는 점입니

다. 특히 보통 사람들에게는 그게 거의 불가능할 정도로 어렵습니다. 타고난 기질, 유년 시절의 삶의 환경, 살아가면서 겪는 부침(浮沈)의 경험 등으로 일희일비하는 성향이 삶의 상수처럼 습관화되어 버렸기 때문입니다. 그것은 삶의 굽이굽이에서 예민한 탐침처럼 작동합니다. 뭔가 좀 좋은 일이, 즐거운 일이 있으면 재깍 알아차리고 기쁨의 호르몬이 방출됩니다. 좋은 일이 생겨 즐거워하는 거야 뭐 어떻겠습니까. 너무 좋아한 나머지 정신을 잃거나, 거만을 떨어 남에게 피해가 될 정도가 아니라면 문제될 게 전혀 없습니다.

그러나 뭔가 좀 안 좋은 일이, 해가 되는 일이 생길 경우 민감하게 반응해 실의에 빠지거나 삶의 의욕을 크게 상실하게 된다면 큰 문제가 아닐 수 없습니다. 그런데 사실 이는 우리 인간이 직면한 진실입니다. 기쁨에 관한 반응보다는 슬픔과 괴로움에 관한 반응이 훨씬 더 민감하고 파장이 큽니다. 예를 들어 내기 게임에서 1만 원을 따면 기분이 조금 좋다 맙니다. 그러나 1만 원을 잃으면 아주 나쁜 기분이 오래갑니다. 지난번에 80점 받은 아이가 이번에 90점 받으면 조금 좋다 말지만, 70점 받으면 죽을 맛이 오래갑니다. 따라서 삶의 부침에서 겪게 되는 감정의 굴곡 중 크게 신경 써야 할 것은 하강 국

면에서 겪게 되는 부정적인 감정입니다. 그것이 잘 관리되지 않으면 삶에 치명타가 될 수 있습니다. 학교에서 왕따 당했다고 학교에 가기를 거부하거나, 심지어는 죽는 아이들도 있습니다. 수능에 실패했다고 실의에 빠지거나 죽는 아이들도 있습니다.

20-30년 전까지만 해도 이런 문제에 대한 해결책으로 프로이드식의 심리학적 접근법이 유행했었습니다. 이는 어린 시절에 경험한 나쁜 경험들, 특히 트라우마가 작동해 문제를 일으키므로 기억 속에 내재된 그것을 파헤쳐 과거와 현재의 갈등을 해결하는 방식입니다. 그러나 요즈음 심리학자들이 주로 추천하는 것은 인지요법입니다. 인지요법의 창시자 아론 벡은 문제의 근원은 문제가 있다고 보는 사건을 잘못 인식한 데 있으므로, 잘못된 인식을 바로잡는 것이 문제의 해결책이라고 주장했습니다. 이 주장이 요즈음의 인지요법으로 발전된 것입니다.

예를 들어 말하겠습니다. 어떤 아이가 수능에 실패해 실의에 빠져 있습니다. 그 아이는 자기 자신이 멍청해서 실패했으므로 자기는 형편없는 사람이라고 확신합니다. 이걸 "내재성의 원리"라고 합니다. 그 아이는 그 실패로 다른 모든 것에 대한 길이 막혀 버렸다고 믿습니다. 이를 "만연성의 원리"라고 합니다. 그 아이는 그 시험 결과는 죽을 때까지 따라다닐 것이기 때문에 자기 인생은 완전히 종쳤다고 확신합니다. 이를 "영속성의 원리"라고 합니다. 시험 한 번 망친 것을 이처럼 인생 전체와 연결해 생각하는 것입니다. 이 정도면 망상 수준이라고 볼 수 있는 것 아닙니까.

이 망상을 차례로 깨부수는 것이 인지요법입니다. "내재성의 원리"와 관련해서는 아이가 수능에 실패한 원인이 오직 아이에게만 있는 것이 아니라 공부를 가르친 사람이나 출제위원들에게 있을 수도 있는 것으로 돌릴 수도 있고, 아이가 공부는 잘 못하지만 운동이나 예능에는 소질이 있다는 등으로 시각을 전환할 수도 있습니다. "만연성의 원리"에 대해서는 수능은 대입을 위한 단 하나의 시험일 뿐이므로 다른 선택의 여지가 얼마든지 있다는 식으로 인식을 바꿀 수 있습니다. "영속성의 원리"와 관련해서는 이번에는 실패했지만 다음에는, 또 그 다음에는 얼마든지 잘할 수 있다는 식으로 생각을 전환할 수 있습니다. 이런 식으로 인식을 전환하면 망상으로 인한 비참함에서 벗어나 삶의 의지를 찾을 수 있을 것입니다.

삶의 부침에 일희일비하지 않는 것, 말은 쉽지만 실천은 매우 어렵습니다. 그렇다고 포기해 버릴 수는 없습니다. 사소한 일들에 일희일비하다 보면 당장 괴롭고, 삶이 가벼워지고, 진보가 더디고, 불행하기 때문입니다. 중심을 잡고 뚜벅뚜벅 나가려고 꾸준히 신경쓰다 보면, 새옹의 수준에 이르지는 못할지라도, 어지간한 일에는 경박하게 굴지 않게 될 것입니다. 자녀들에게 이 귀중한 가르침을 주기 바랍니다.

8. 단순한 삶이 좋은 삶임을 알게 한다

우리 한국인은 다른 어느 나라 사람들보다도 물질적으로 풍요해야만 비로소 의미 있는 삶을 살 수 있다고 보는 경향이 강합니다. 우리는 이러한 가치 기준, 즉 물질주의에 부응하기 위해 불철주야 돈벌이에 매진합니다. 이에 비해 구미 선진국 사람들은 대체로 가족이나 일을 가장 중요한 가치로 여기며, 그러기에 그들은 가족과 함께 시간을 보내거나 일을 하는 그 자체를 소중히 여기는 경향이 강합니다.

우리는 또한 과시하기를 좋아합니다. 따라서 돈을 많이 번 후에는 그것을 과시하기에 바쁩니다. 많은 돈을 들여 큰 집을 장만하고 비싼 차를 삽니다. 돈을 아끼지 않고 명품을 구매해 주렁주렁 매달고 답니다. 돈이 없어도 과시할 목적으로 빚을 내 명품을 사는 사람들도 많습니다. 한국인의 1인당 명품 소비액이 세계 1위임은 주지의 사실입니다. 이러한 과시 행위에 대해 우리는 관대한 편입니다. 우리는 타인의 과시행위에 대해 부정적이기보다는 '나도 저럴 수 있으면'하고 선망의 눈길을 보냅니다. 우리 내면에 억누를 수 없는 과시욕이 들끓고 있기 때문입니다.

그런데 물질은 가지면 가질수록 더 갖고 싶습니다. 과시욕은 과시하면 할수록 더 커지기 때문에 도저히 충족시킬 수 없는 욕망입니다. 마치 갈증 난다고 짠물을 들이키면 더 갈증이 나는 것과 같은 이치입니다. "디드로 효과"나 "베블린 효과" 같은 심리·경제적 용어들이 이 점을 잘 설명한다고 볼 수 있습니다. 따라서 우리가 행복하기 위해서는 그런 욕망들을 충족시키려 애쓰는 대신 적당한 선에서 만족할 줄 아는 지혜를 가져야 합니다. 불행은 만족할 줄 모르는 데서 시작됩니다.

1970년에 노벨 경제학상을 받은 폴 사무엘슨은 "행복=소유/욕망"이라는 간단하지만 아주 유용한 행복 공식 하나를 만들었습니다. 이 공식에 따르면 행복은 소유와 욕망이라는 두 가지 변수에 의해 좌우됩니다. 욕망이 고정되어 있으면 소유하는 것이 많을수록 행복은 증대합니다. 반대로 가진 것이 고정되어 있으면 욕망이 적어질수록 행복은 커집니다. 그런데 세상의 재화는 유한한 데 반해 사람의 욕망은 무한대로 확대될 수 있습니다. 따라서 욕망을 무한대로 확대하면 가진 것이 아무리 많아도 행복은 수학적으로 0에 가까워질 수밖에 없습니다. 반대로 욕망을 0에 근접시키면 가진 것이 아무리 적어도 크게 행복할 수 있습니다. 이에 비추어 볼 때 우리가 행복을 키울 수 있는 길은 소유를 늘리는 데 있는 것이 아니라 욕망을 줄이는 데 있음이 확실합니다.

그런데도 자본주의는 우리에게 욕망을 극대화하라고 부추깁니다. 자본가들은 끊임없이 신상품을 만들어내고, 소비자들의 욕망을 충동질합니다. 최신형 차를 타면 마치 없던 기품이 생기는 것처럼, 최고급 아파트에 입주하면 우아하고 품격이 높아지는 것처럼 갖은 수단을 동원해 소비자를 유혹합니다. 우리 사회는 욕망을 부추기는 노골적인, 혹은 은밀한 촉수들로 가득 차 있습니다. 그러한 촉수들에 걸려들어 불길처럼 솟아오르는 욕망을 억제하지 못한 소비자는 아직 괜찮은 차와 아파트가 있음에도 지갑을 열거나 빚을 내 욕망을 충족시킵니다. 자본가들의 술수에 넘어간 것입니다. 그러고는 돈을 더 벌어야 행복할 수 있다고 외치며, 돈벌이에 혈안이 됩니다. 우리들 대부분이 이런 식으로 살아가고 있습니다. 따라서 수입이 많아져도 항상 부족함을 느끼고, 그리하여 행복하지 못합니다.

중요한 것은 우리가 돈을 얼마나 많이 소유하느냐가 아니라 돈에 대한 욕망을 어느 정도 제어하느냐입니다. 돈이 아무리 많아도 돈 욕심을 줄이지 않으면 돈의 노예일 뿐이며,

돈 많은 가난뱅이에 지나지 않습니다. 돈은 행복을 위한 하나의 수단일 뿐입니다. 돈을 삶의 목표로 삼고, 가진 돈으로 자신을 과시하려 욕심을 부리면 행복은 멀리멀리 달아나 버리고 맙니다.

"스터전의 법칙"이란 것이 있습니다. SF소설가 시어도어 스터전이 모든 문학 장르의 모든 작품 중 90%는 쓰레기라고 주장한 바 있는데, 그 주장이 "스터전의 법칙"으로 명명된 것입니다. 철학자 대니얼 데닛은 한 걸음 더 나아가 인류가 생산해낸 모든 것의 90% 정도는 쓰레기라고 했습니다. 그 많은 쓰레기를 멀리하고 얼마 되지 않는 진짜와 진실을 추구하며 사는 게 단순한 삶입니다. 시인 장석주는 『단순한 것이 아름답다』에서 미니멀리스트적인 삶에 대해 이렇게 썼습니다.

> 단순하게 산다는 것은 욕심, 광고, 마케팅, 패스트푸드, 과소비, 기만, 가짜인 것들, 현대사회를 구성하는 것들이 빚어내는 빠르고 복잡한 것들과 결별하고 단절하는 것을 뜻한다. 복잡함이 혼탁과 분열의 징후라면, 단순함은 담백하고 조촐하며, 진실과 미를 하나로 결합한다. 단순함을 금과옥조로 삼고 실천하는 삶이 단순한 삶이다.
> 어떤 사람이 가구라고는 초라한 책상과 작은 의자가 전부

인 작은 방에 사는 랍비를 방문했습니다. 두 사람의 대화입니다.

> 랍비님, 가구가 참 단출하네요.
> 당신도 그렇지요.
> 저야 잠시 들렀을 뿐이니까요.
> 저도 역시 마찬가지랍니다.

대화마저 단출하기 그지없습니다. 그들은 스스로를 세상에 잠시 왔다 갈 뿐인 임시적인 존재로 여기기에 단출한 가구에 만족하며 살아가고 있습니다. 단순한 삶의 진수를 보여주는 듯합니다.

우리는 이미 충분히 갖고 있음에도 만족할 줄 모르고 더 많이 갖기 원합니다. 더 큰 집, 더 좋은 차, 더 많은 물건을 원합니다. 옷장에 입을 옷이 가득하고, 신발장에 신을 신발이 가득하고, 냉장고에 먹을 음식이 가득한데도 경쟁하듯이 물건들을 더 사들입니다. 이러한 욕망과 구매 행위를 줄이지 않으면 단순한 삶은 불가능합니다. 물릴 줄 모르는 욕망의 창고를 채우기 위해 이리저리 바쁘게 뛰어야 하니까 말입니다. 마르쿠스 아우렐리우스 황제는 "만족할 줄 모르면 그 어디에서도 행복을 찾을 수 없다"고 말했습니다.

이제는 물질적인 풍요보다는 시간적인 여유를 갖고 살아야 할 때입니다. 요즈음 심리학자들은 이구동성으로 물질적인 풍요보다 시간적인 여유가 행복에 더 필요한 요소라고 말합니다. 시간이 부족하면 서두르게 되고, 조급증을 갖게 되고, 스트레스가 생기며, 우울증에 빠져들 가능성이 많습니다. 반면 시간을 풍족하게 쓰면 자신과 주변을 돌아보며, 의미와 가치 있는 삶을 추구하게 됩니다. 그럼에도 우리는 물질적인 욕심에 집착해 '바쁘다 바빠'를 입에 달고 살아가고 있습니다. 행복하려면 가능한 한 욕망을 줄여 단순하게 살며, 시간 여유를 즐길 줄 알아야 합니다.

극히 현실적인 차원에서도 자녀들에게 단순한 삶이 좋은 것임을 주지시키는 것이 좋습니다. 우리의 경제 구조나 생산성 등으로 볼 때 여러분의 자녀가 여러분들보다 물질적으로 더 빈곤하게 살게 될 것은 거의 확실합니다. 고성장 시대는 끝나가고 있으며, 역성장 시대가 올 수도 있습니다. 그러면 소비를 줄여야 합니다. 과소비에 익숙한 사람이 경제 위축으로 소비를 줄이려면 괴롭습니다. 그럴 때를 대비해서라도 자녀가 지금부터 단순하게 사는 습관을 들인다면 얼마나 좋겠습니까. 부모가 자녀에게 줄 수 있는 큰 자산이 될 것입니다.

9. 인간은 필멸의 존재임을 알게 한다

　사람은 누구나 죽습니다. 누구에게나 가장 분명한 사실은 멀지 않아 죽는다는 것입니다. 마르틴 하이데거는 "인간은 죽음을 향한 존재"라고 했습니다. 태어남만 있고 죽음이 없는 사람은 아무도 없습니다.

　서양인들은 대체로 죽음에 대해서 말하고 듣는 것에 큰 거부감이 없습니다. 가정에서건 사회에서건 죽음이란 말이 일상적입니다. 공교육에 죽음을 다루는 과정마저 있습니다. 대학에서는 죽음에 관한 강좌들이 인기를 누리고 있습니다. 그들은 죽음을 삶의 한 과정으로 여깁니다. 잘 사는 것도 중시하지만, 잘 죽는 것 또한 중시합니다. 아무리 잘 살았을지라도 잘 죽지 못하면, 구질구질하게 죽으면 잘 살았음을 입증하는 데 실패한 것으로 봅니다. 따라서 그들은 잘 살았음을 입증하기 위해서라도 잘 죽으려 하며, 잘 죽기 위해 평소 죽음과 친숙하게 지냅니다.

　그러나 동양인들, 특히 우리 한국인들은 죽음을 생각하는 것, 어떤 죽음을 기억하는 것, 우리 각자가 언젠가는 죽을 것이라고 생각하는 것, 더 나아가 죽음이라는 말 그 자체를 싫어합니다. 금기시합니다. 죽음이란 말을 들으면 부정 탄다고, 재수 없다고 생각합니다. 마치 태어남과 삶만 있고 죽음은 없는 것처럼 알고 살아갑니다.

  죽음에 대한 우리의 이러한 태도를 긍정적으로 볼 수 있을까요? 나는 아니라고 봅니다. 죽음과 친숙한 것이 좋다고 생각합니다. 어차피 피할 수 없는 것 어깨동무하고 동행하는 것이 낫지 모르는 척 요리저리 피하려 할 필요 없다고 생각합니다. 우리의 어리석음은 대개 우리가 죽음을 외면하고 영원히 살 것처럼 착각한 데서 비롯됩니다. 우리는 천년만년 살 것처럼 욕심을 부리고, 나부대며 살아갑니다. 길어야 백 년쯤 살다 죽는다는 사실을 절감한다면, 마음을 비우고 겸허한 마음으로 하루하루를 잘 살아갈 것입니다. 삶의 곁에는 항상 죽음이 있음을 직시한다면, 소유에 욕심을 덜 부리고 삶 그 자체를 중시할 것입니다.

  라틴어에 메멘토 모리(memento mori)라는 말이 있습니다. 반드시 죽을 것임을 기억하라는 말입니다. 고대 로마에서는 원정에서 승리한 개선장군이 시가행진을 할 때 노예를 시켜 행렬 뒤에서 이 말을 외치게 했다고 합니다. 언젠가는 죽을 수밖에 없는 게 인간의 숙명이므로 오만하게 굴지 말고 겸손하게 행동해 화를 피하라는 교훈을 주기 위한 관습이었다고 합니다. 메멘토 모리, 참 지혜로운 말입니다. 누구나 필멸의 존재임을 알면 위세를 부리며 오만을 떠는 대신 겸손하게 살려고 노력할 것입니다.

장 폴 사르트르는 인생은 "태어남(birth)과 죽음(death) 사이의 선택(choice)"이라고 했습니다. 삶은 선택의 연속이고, 선택으로 채워집니다. 삶의 끝이 무엇인지를 모르면 무엇을 채워야 할지 헷갈리고, 그리하여 이것저것 마구잡이로 채워 넣을 것입니다. 그러나 그 끝이 죽음임을 알면 불필요한 것들을 다 버리고 꼭 필요하고 중요한 것들만을 채워 넣을 것입니다. 예일대 의대 교수 셔원 B. 눌랜드는 삶의 끝은 죽음임을 알았기에 하찮은 것들, 즉 물질주의나 째째한 자만 등을 다 버리고 본질적인 것들, 즉 연민을 베풀거나 자신을 고양시키려는 노력 등으로 삶을 채웠다고 했습니다.

잘 죽는 것(well dying)은 잘 사는 것(well being) 못지않게 중요합니다. 잘 살아도 잘 죽지 못하면 잘 산 게 아닙니다. 어떻게 죽느냐는 어떻게 사느냐에 따라 결정됩니다. 존엄한 삶을 살면 존엄하게 죽게 됩니다. 소크라테스는 "삶은 죽음 준비"라 믿었고, 평생을 잘 죽기 위해 애썼습니다. 그는 항상 죽음과 친숙하게, 죽음을 옆에 두고 살았습니다. 그는 죽음 곁에서 위대하게 살았고, 위대하게 죽음으로써 위대하게 살았음을 입증했습니다.

한국인들의 죽음은 질이 나쁘기로 유명합니다. 오래 살지만, 병으로 오래 고생하다 죽는 경우가 많습니다. 집에서 편히 죽지 못하고 병원 등 요양시설에서 괴롭게 죽습니다. 생명을 하루라도 더 연장하려고 연명 치료에 매달리다 고통 속에서 죽습니다. 삶의 마지막을 감사와 축복 속에서 보내다 평화롭게 죽지 못하고, 후회와 회한 속에서 몸부림치다 죽습니다. 자신의 죽음에 대한 이러저러한 결정을 자신이 하지 못하고, 자신은 의식이 없는 상태에서 가족들이 합니다. 이래저래 한국인의 죽음의 질은 세계 최하위입니다. 죽음을 회피해 왔을 뿐, 잘 죽을 준비를 하지 않았기 때문입니다.

구미 여러나라 사람들은 우리와는 사뭇 다른 모습으로 죽습니다. 그들은 자신의 죽음에 대한 의사결정을 대체로 본인들이 합니다. 그들은 병이 회복 불능 상태로 판명되면 연명치료 대신 남은 삶을 집에서 조용하고 의미 있게 보내는 편입니다. 후회와 회한으로 괴로워하는 대신 살아온 삶을 반추하며 감사의 마음을 갖습니다. 가족들의 믿음과 사랑 속에 미소지으며 조용히 눈을 감습니다. 가족들은 고인이 가족들의 사랑 속에서 편안히 영면했다는 식의 부고를 내고, 조용히 장례를 치릅니다. 그들이 평소 죽음과 친숙했기에 이럴 수 있는 것입니다.

  부모는 자녀가 인간은 필멸의 존재임을 알게 해야 합니다. 죽음이 있기에 삶은 아름답고, 의미 있고, 가치 있습니다. 백년을 살다 죽는 것보다는 천년, 만년을 잘 살다 죽으면 더 좋겠지요. 그러나 영원한 삶은 덤덤하기만 할 뿐 재미도, 의미도, 가치도 없습니다. 예일대에서 죽음에 관한 강의로 세계적 유명인이 된 셸리 케이건은 영원한 삶의 지루하고 답답하고 무의미함을 누누이 강조합니다. 영원하고 전지전능한 조물주, 삼라만상을 주관하는 신, 그런 존재가 존재다면 참 따분한 존재에 지나지 않을 것입니다. 자녀가 필멸의 존재임을 항상 자각하며 살게 하는 것, 이걸 두려워할 필요 조금도 없습니다. 이문재 시인의 시 중에 "죽음을 살려내야 한다./ 죽음을 삶 곁으로/ 삶의 안쪽으로 모셔와야 한다."는 구절이 있습니다. 그렇습니다. 우리는 죽음을 삶의 한가운데에 데려다 놓고, 그것과 친숙해져야 합니다. 그러면 인간다운, 행복한 삶을 살 가능성이 커집니다.

　나는 2022년 5월 15일부터 나를 시험하는 색다른 기록을 하나 하고 있습니다. 그때 66살이던 내가 한국인 남성 평균 수명인 83세까지 산다면 며칠을 더 살까 대충 계산해 보니 5,840일로 나왔습니다. 그날부터 매일 일기장에 하루씩 줄어드는 내 여명일수를 기록하고 있습니다. 내가 살날이 하루하루 줄어들수록 마음이 어떻게 변하는지를 살펴보기 위함인데 3년이 훌쩍 지났는데도 전혀 변화가 없습니다. 그저 맹맹할 따름입니다. 3천 일, 2천 일로 줄어들어도 그럴까요? 1천여 일 정도 남으면 초조해 안절부절못하지 않을까요? 5백 일이나 3백 일 정도 남으면 하릴없이 살아온 날들을 한탄하고, 얼마 남지 않은 살날이 아쉬워 정신을 잃을 정도가 되지 않을까요? 그런 추태를 부리지 않기 바라지만, 알 수 없는 노릇입니다. 아무튼 나는 '오늘보다 조금이라도 더 나은 내일의 내가 되자'는 마음으로 하루하루를 살아가고 있습니다. 2025년 7월 15일인 오늘 나는 일기장에 "내 여명일수 4,685일" 이라고 썼습니다.

10. 가능한 한 빨리 독립시킨다

출처를 알 수 없지만, 우리에게 큰 가르침을 주는 곰 이야기 한 토막 소개합니다.

> 어미 곰은 젖을 먹여 새끼를 키우다 새끼가 2살쯤 되자 새끼가 좋아하는 딸기밭으로 데려갑니다. 새끼가 신나게 딸기를 따 먹으며 정신을 빼앗기고 있을 때 어미는 살짝 딸기밭을 나가 뒤도 안 돌아보고 가 버립니다. 새끼는 배를 채운 다음 어미가 생각나 사방을 살펴보지만, 어미는 보이지 않습니다. 새끼는 울며불며, 주위를 뱅뱅 돌며 어미를 찾습니다. 그러다 지치면 밭고랑에서 잡니다. 그러기를 며칠, 그래도 어미는 나타나지 않습니다. 어린 새끼는 결국 자기대로 독립해서 살아가는 법을 배웁니다.

동물들은 대체로 새끼가 최소한의 생존능력을 갖출 때까지만 돌봅니다. 그 기간은 아주 짧습니다. 그 후로는 서로 철저히 독립된 개체로 살아갑니다. 아마 그것이 그들의 생존에 최적의 방식이기에 그런 식으로 진화되어 왔을 것입니다.

그러나 사람은 다릅니다. 그런 식이라면 사람은 곧 죽어 버리게 될 것이며, 그리하여 인류 자체가 소멸하고 말 것입니다. 사람은 유독 독자 생존에 약한 존재로 태어나며, 독자 생존을 하기까지의 준비기간이 깁니다. 최소한 10년, 대체로는 15년, 길게는 20년 정도가 됩니다. 사람은 그 긴 기간 동안 부모의, 혹은 주변의 도움을 받아야만 합니다. 이렇게 그 준비 기간이 긴 것은 우리 인류에게는 재앙이라기보다는 오히려 축복입니다. 그 긴 기간에 조상들이 쌓아온 지식을 배우고, 지혜를 터득하며, 가능성을 크게 확장합니다. 인간이 만물의 영장이 된 비결은 아마도 여기에 있을 것입니다.

그러면 그 기간이 길면 길수록 더 좋을까요? 그렇지 않습니다. 그게 너무 길면 타인에게 의존하는 삶, 창의적이지 못한 삶, 의미와 충만함이 결여된 삶, 행복하지 못한 삶을 살게 될 가능성이 큽니다. 따라서 부모나 주변의 따뜻한 보살핌과 사랑을 적정 기간 받으며 성장한 후에는 그들로부터 신체적·경제적·정서적·심리적으로 독립해 독자적인 삶을 사는 것이 좋습니다. 마땅히 그래야만 합니다.

이 점에서 오늘날 서양 사람들이 자녀를 기르는 방식은 좋은 편입니다. 그들은 대체로 아이가 독립할 수 있는 능력을 갖도록 키워, 19-20살 쯤 되면 독립시킵니다. 부모와 자식의 관계가 일대일의 인간관계로 전환됩니다. 부모가 자녀에게 이러쿵저러쿵 간섭하지 않습니다. 어떤 일이건 결과에 대해 자녀가 책임지도록 합니다. 각자 자신의 삶을 살아가는 것입니다.

그러나 우리의 부모들은 거의가 그러지 않습니다. 자신과 자녀를 분리할 수 없는 공동운명체로 여깁니다. 여기서 온갖 비극이 싹틉니다. 지금 행복한 부모들은 자식이 혹시 잘못 되어 불행하게 되면 자신들도 불행하게 될 거라 믿고 자식이 불행하게 되지 않도록 한답시고 온갖 짓을 다 합니다. 지금 불행한 부모들은 자식이 행복하게 되어야 자식 덕에 자신도 행복하게 될 수 있으리라 믿고 역시 온갖 짓을 다합니다. '다 너희를 위해서야'라는 뻔한 말을 앞세우면서 말입니다.

우리 부모들이 생각하는 행복은 거의 사회적 성공에 달려 있습니다. 사회적으로 성공하면 행복이 보장된다고 생각합니다. 사회적 성공은 경쟁에 달려 있습니다. 경쟁에서 이겨야만 사회적 성공이 가능합니다. 따라서 지금 우리 부모들은 자녀가 경쟁에서 이겨 사회적으로 성공하도록 별짓을 다 하고 있는 것입니다. 그러는 사이 아이들은 시들어가는 것을 넘어 죽어가고 있습니다. 부모들 역시 가진 돈과 에너지를 자식들에게 쏟아부어 빈털터리가, 처량한 신세가 되어가고 있습니다. 부모가 자신의 삶과 자녀의 삶을 동아줄로 엮음으로써 일어나는 가혹한 현실입니다.

부모들이여, 제발 자녀의 삶을 쥐고 흔들지 마십시오. 제발 자신의 삶과 자녀의 삶을 분리시키세요. 헬리콥터맘이나 캥거루족 부모가 되지 마십시오. 30대, 심지어는 50대의 외톨이 자녀를 돌보는 부모가 되지 마십시오. 장성한 자녀를 끼고 사는 것은 서로의 불행입니다. 자녀를 가능한 한 빨리 독립시키세요.

자녀를 독립시킨 후에는 부모 자신이 자녀로부터 독립해야 합니다. 생활비 보태주겠지, 용돈 주겠지 하는 등의 기대감을 가지면 안 됩니다. 자녀가 그걸 눈치 채고 돈을 준다면 부모는 자녀에게 경제적으로 예속된 것입니다. 자녀가 전화하지 않는다고, 찾아오지 않는다고 삐지지 마십시오. 그러지 않으면 정서적으로 예속된 것입니다. '너희 잘 살면 우리는 그것으로 그만이다'라는 식의 마음을 가져야 합니다. 무엇보다도 행복한 삶의 모습을 보여줘야 합니다. 그러면 자녀는 걱정 없이 부모에게 신경을 끄게 됩니다. 이로써 자녀는 부모에게, 부모는 자녀에게 제대로 독립한 것이 됩니다.

| 에필로그 |

부모들이 먼저 배우고 실천해야 합니다

   전에 라디오에서 들은 우스개 한 토막입니다. 엄마가 친구들을 집으로 불러들여 거실에서 고스톱 판을 벌였습니다. 초등생 아들이 기웃거리며 들여다보았습니다. 엄마가 "네 방으로 들어가 공부하라"고 했습니다. 아들은 들어가는 척만 하고는 계속 지켜보았습니다. 엄마가 "안 들어가면 혼난다"는 등의 위협까지 섞어가며 들어가라고 했으나 아들은 계속 버텼습니다. 엄마가 드디어 회심의 카드를 꺼냈습니다. "들어가면 천 원 줄게." 그러자 아들이 "흔들면서 들어가면 2천 원 줄 거야"라고 물었습니다. 아이들은 어른들의 언행을 보고 배움을 잘 보여주는 우스개입니다.
   빤한, 상투적인, 위협적인, 애매모호한, 부모의 욕망이 묻어나는 말로는 자녀를 가르칠 수 없습니다. 잘 가르치기 위해서는 부모가 먼저 알아야 합니다. 가정을 꾸리고 사는 사람에게 가장 중요한 게 뭐겠습니까. 먹고사는 게 중요합니다만, 그보다 더 중요한 게 있습니다. 자녀를 잘 기르는 것입니다. 그런데 자녀 기르는 법을 배우지 않습니다. 세상에는 하고많은 자격증들이 있습니다. 제빵사자격증, 미용사자격증, 요양보호사자격증, 교사자격증, 회계사자격증, 변호사자격증 등등. 자격증을 20개, 30개 갖고 있는 사람도 가끔 있습니다. 그러나 아이 기르기에는 아예 자격증 자체가 없습니다. 그냥 나이 먹어 결혼해서 자녀를 낳아 기릅니다. 부모의 본능으로 그냥 기르면 된다고 여기기 때문입니다. 이게 얼마나 황당하고, 모순되는 일입니까. 인생사에서 가장 중요한 자녀 기르기에는 정작 아무런 자격도 요구하지 않다니 말입니다.

자격증 같은 것도 없는 분야이니 아이를 되는대로 길러도 된다고 생각해서는 안 됩니다. 엄청 중요한 일인데도 자격증 같은 것이 아예 없는 분야이니 더욱 신경 써 길러야 합니다. 떠돌아다니는 소문대로, 이웃이 하는 대로, 세태에 따라 무작정 길러서는 안 됩니다. 항상 탐구하고, 숙고하고, 성찰하면서 길러야 합니다. 자녀의 개성과 특성과 장단점을 주의 깊게 파악해야 합니다. 사회와 세상이 필요로 하는 것과 필요로 하지 않는 것이 무엇인지 알아야 합니다. 어떻게 사는 게 보람 있고, 가치 있는 삶인지 알아야 합니다. 어떻게 죽는 것이 잘 죽는 것인지도 알아야 합니다. 이러한 것들은 자녀를 잘 기르기 위한 필수적인 지식이자 지혜입니다.

더 나아가 소위 말하는 큰 질문들(big questions), 즉 우리는 어디에서 와서 어디로 가는가, 우리는 무엇으로 사는가, 죽음 후에는 어떻게 되는가 등에 대해서도 탐구해야 합니다. 물론 이러한 큰 질문들에 대한 만족할 만한, 결론적인 답은 없습니다. 그러나 끊임없이 궁구해야 합니다. 그래야 삶이 풍부해집니다. 답이 분명한 문제만을 마주하고 살면 삶이 경박해집니다. 삶의 넓이와 깊이는 생각의 크기에 비례합니다. 먹고사는 문제만 생각하는 삶은 먹고사는 테두리에서 벗어나지 못합니다. 그러나 생각의 범위를 확장하면 삶이 넓고, 깊고, 융숭해집니다.

배운 지식과 터득한 지혜를 말로만 가르치려 해서는 안 됩니다. 행동으로 보여줘야 합니다. 솔선수범해야 합니다. 그런데 우리 부모들은 말 따로, 행동 따로인 경우가 대부분입니다. 자녀에게 공부하라고 해 놓고선 본인은 TV를 보거나 친구들과 수다 떨기에 정신이 없습니다. 정직하게 살라고 하면서도 거짓투성이입니다. 범사에 감사하라고 하면서도 매사에 불평불만입니다. 행복하게 살라고 하면서도 불행의 늪에서 허덕입니다. 아이들은 부모의 말을 듣기보다는 언행을 따라합니다. 부모의 언행이 일치하면, 그것을 보고 자란 아이의 언행도 일치하게 됩니다. 부모가 행복한 삶을 살면, 자녀도 행복한 삶을 살게 됩니다. 솔선수범하는 게 가장 효과적인 훈육이고, 교육임을 명심하기 바랍니다.

송 현
좋은 부모의 조건

인쇄 2025년 7월 10일
발행 2025년 7월 15일

지은이 송 현
발행인 서정환
펴낸곳 인간과문학사
주 소 서울특별시 종로구 삼일대로 30길 21, 종로오피스텔 714호
전 화 (02) 3675-3885 (063) 275-4000·0484
팩 스 (063) 274-3131
이메일 sina321@hanmail.net
출판등록 제300-2013-10호
인쇄·제본 신아문예사

ISBN 979-11-6084-255-5 03810
값 13,000

Printed in KOREA